中小企業の
資金調達
大全

ダンコンサルティング株式会社 代表
税理士・経営戦略コンサルタント

塩見 哲 [著]

日本法令

はしがき

　2019年後半あたりから「2020年は倒産元年」になるだろうといわれていた。2018年後半にピークを迎えていた日本経済は、2019年10月からの消費税増税によって、さらに本格的な消費の落込みを迎えていたからである。そのため、経営書などを発行する出版社は「上手な倒産の仕方」とか「中小企業の再建計画」などといった出版物を計画していたようである。本書、『中小企業の資金調達 大全』もその１つといえるだろう。

　当然のことながら、企業が継続していくためには財務の健全性、安定性が重要になる。そのためにも、中小企業は事前に様々な資金調達の方法を理解しておかなくてはならない。そこで、「財務諸表から生み出せる資金調達のすべて」をキーワードとして企画されることとなった。

　ところが、2020年２月頃から新型コロナウイルス感染症が一気に世界中を席巻した。「倒産元年」といわれていた日本は新型コロナウイルス感染症によってさらに景気が押し下げられたのである。

　特に、21世紀の日本経済を支える柱の１つとなるべき観光業や飲食業は、需要そのものが微塵もなく蒸発してしまった。そのため、倒産する前に廃業を決断する中小企業も増えてきたのだ。

　このような中、日本政府が行った新型コロナウイルス感染症対策と称する大型の支援制度は、一時的には中小企業の延命の手助けとなった。「倒産元年」と呼ばれていた2020年の前半は前年度より倒産件数が減少したのである。それでも、消滅した需要の影響はボディブローのように効き始めており、2020年後半になると倒産に至る前の廃業数が徐々に増え始めた。

従来から中小企業が最も苦労する経営課題の 1 位は「資金調達」であるといわれ続けている。さらに、「資金調達」というと、例外なく金融機関が相手になっていた。資金調達関係の書籍のほとんどは「上手に交渉していかに金融機関から資金を調達するか」というテーマばかりだったのが、それを証明している。日本の中小企業が間接金融に頼っていたからといえるだろう。

　企業経営は「資金」と「顧客」が生命線といわれる。経営の前面に現れるのが（お金＝資金）と（顧客＝利益）なのだ。特に、「お金」は人間の血液に例えられるとおり、資金不足は企業経営にとっては致命傷になってしまう。

　資金調達とは、本来、企業のあるべき状況に応じて「お金」を生み出すことができるかどうかということだ。この場合には、バランスシートの右側にある「負債」と「資本」という 2 つの調達方法を考えるのが通常だろう。

　負債による調達はデットファイナンスといわれる。借入金などの債務によって調達しているので、当然、返済義務が生じる。さらに、金利などの調達コストもかかる。

　一方、資本による調達はエクイティファイナンスと呼ばれ、返済義務はない。本来、資本主義社会（株式会社制度）の中で資金調達を行う場合に第一義で考えるべきファイナンス手法は、この資本による調達なのである。

　同じように、返済義務のない調達法がある。それは、バランスシートの左側にある「資産」だ。資産を上手に資金化する手法のため、アセットファイナンスとも呼ばれている。

　中小企業にとって最も日常的な資金調達法は、「売上」から生じる「利益」である。利益の累積こそが財務の安定性、安全性の最大の武器である。ところが、資金を生み出す（資金不足のため）経営判断

の場においては、アセットから生み出すか、デットやエクイティに頼るかという選択肢しかない。

そのため、本書では、中小企業が行えるあらゆる資金調達法を「アセット」「デット」「エクイティ」の 3 つの分野からまとめることとした。

新型コロナウイルス感染症による影響はしばらく続くと思われる。そのため、企業経営の二本柱の 1 つである「顧客＝需要」の回復は当面困難かもしれない。そのため、もう一本の柱である「資金」をどのように継続させていくかがポイントになってくるはずだ。

「何のために我が社は存在しているのか」というエンジン（理念）が明確になっている中小企業にとって「資金」と「利益」は車の両輪である。当面は、継続のためにはその一輪である「資金」に依存しなくてはならない。そのために 3 つの分野からの輸血の準備をしておく必要があるのだ。継続すべき中小・中堅企業にとっては、資金不足を解消させるための調達法のヒントとして、この書籍が一助となれば嬉しい限りである。本書で掲載しているケーススタディは、大半が筆者が関わった案件であり、実在している中小企業ばかりなので参考になることが多いだろう。

また、本書の出版に当たり、㈱日本法令の竹渕学氏には多くのヒントを提供いただくこととなった。また、いつものことながら、弊社の小林顕子君に大変お世話になった。このお二人がいなければ本書は出版されていないと思う。心よりお礼を申し上げる。

2020年11月

塩 見 　 哲

目　　次

第3章

負債で資金を調達する
〈デットファイナンス〉

第4章

資本で資金を調達する
〈エクイティファイナンス〉

第5章 新型コロナウイルス感染症の資金繰り支援対策（2020年10月末）（経済産業省と厚生労働省）

中小企業の分類法

タイプ	規　模	経営組織	資本（株主）及び株主総会	商品・営業・技術・取引先・組織など
中小企業	1. （小） 家族オンリー企業	個人事業 LLP LLC	事業主が店主貸しで出資している。	家族が生活できる範囲での業務で「とらや」や「タコ社長の工場」のような地域住民への貢献や特定企業の下請け業務が中心。経営と家計が一体。 （すべてワンマン体制）
	2. （小）規模 同族企業	LLC 制約的株式会社（従来の有限会社含む。）	社長及び社長の同族関係者が資金の大半を出資している。	同上の他、特徴を持った商品やサービスを武器とした事業展開をしているケースが多い。 （ほとんどワンマン体制）
	3. 小規模同族企業 又は創業5年内の ベンチャー企業	株式会社 LLC	社長及び社長の友人達が出資しているが、50%超は社長が抑えている。株主総会は開催されている。	会社組織はそれぞれが得意分野を担当しており、技術か商品、あるいは売り方などに特徴を持っている。社会に対するインパクトも生まれ出している。 （ワンマン＋協調型に分類）
	4. （中） 同族企業 又は認知された ベンチャー企業	株式会社	同族関係者が大半を出資しているが、社員や取引先も出資し出している。	会社に独自性があり、広い意味で社会にも認知され出している。 （ワンマンではやっていけないため、経営者が最も悩んでいる。）
	5. （中） 中規模企業 又は ベンチャー企業	株式会社	同族関係者や利害関係者の他、大企業やベンチャーキャピタルなども出資しているケースが多い。	上場するかしないかをトップや利害関係者が検討している。 （取締役会体制が完備）
大企業	6. （大） 大規模企業	株式会社	上場することで不特定株主	社会的責任大 （株主総会、取締役会体制）

資金調達の内容	役員及び社員	後継者	特徴及びポイント
家族に支給したり、店主勘定で引き出した資金のうち、生活費以外を事業に還流する手法。その他、国金などの公的外部資金などを利用する。	家族・身内中心で総数も1～5人程度	親族への承継か、一代限りでの廃業・清算	1つのチームであり、和気藹々としてまとまりがよい。企業と家族が一緒で、ほとんど顧客は仲間内であるため、安心感がある。利益を得るより生活費を得るという仕組みになり切っている。したがって、トップの健康と無借金（もしくは保険でカバー）が最も重要である。
身内から集めた資金が中心だが、資本金は1,000万円以内が大半のため、設備投資などについては公的資金や金融機関からの資金を利用する。	家族・身内に若干の非同族者を含めて5～20人規模	親族もしくは技術力ある社員、あるいは特徴ある分野のM＆A	1.とよく似ているが、身内意識が強すぎると、従業員の定着や士気に影響する。技術力や商品力、あるいは特徴ある仕組みなどを持っている企業も多い。
経営者の親族などからの資金の他、会社の利害関係者などから株式や社債などにより資金を調達したり、金融機関や公的資金なども利用する。種類株式の発行などによる社員株主も生じ出している。	10～50人規模。同族関係者が中心で、1つのビジネスモデルに集結したスタッフの企業に分類される。	同族会社の場合は親族中心だが、人材が育っていないと外部からの招聘もある。ベンチャー企業の場合は、年齢が若い経営者や社員が多いため、後継者などは考えたこともない。	比較的多いタイプだが、逆に時代の端境期に悪戦苦闘しているケースでもある。ベンチャー型のケースはそれぞれが夢中でやってきて、ある一定の成果が出てきたが、これからどういう組織にしていくかで社内分裂もある。
同族関係者だけではなく、取引先なども含めた利害関係者から株式や社債を引き受けてもらうだけではなく、公的なベンチャーキャピタルの株式引受けや金融機関の社債引受けなども考えられる。	社員数が30～300人程度で、社員には同族関係者よりは非同族者が多い。ただ、取締役の大半は同族関係者が占めている。	社内昇格、もしくは親族が多いが、親族の場合は余程のレベルが必要となる。	トップの経営理念が明確に打ち出され、事業計画の立案などが要求され出している。独特の社風を持った経営生活共同体ができている。どちらの方向性を目指すかの境目。ニッチ市場のトップ企業やオンリーワン企業が多い。
あらゆる資金調達方法が考えられるため、資金運用の内容によって、直接金融や間接金融、あるいは市場型間接金融などによって資金を調達する。	大半が一般社員であり、取締役も同族以外が多くなっている。	社内昇格、外部招聘、親族抜擢の3タイプあるが、M＆Aもある。	企業的なスタンスが強くなり、組織や制度などが確立している。ディスクロージャーするなど、経営のオープン化を図る。最近では上場するよりプライベートエクイティとして継続を図る考え方の企業も多い。
上場しているため、資金調達方法に制限がない。	ほとんどが一般社員	取締役会で決定	上場企業（ただし、プライベートエクイティ型を考慮する企業も生まれている。）

第1章

中小企業の資金調達の
基本的な考え方

Ⅰ 資金不足の原因と改善法

1 新規の出店計画

　中小企業が実践的な資金調達戦略を検討する場合によくありがちな、Ａ社のようなケースを取り上げてみよう。

　Ａ社は私鉄沿線で家電専門店を展開している。新規の出店計画を立てることになり、新店舗を任される店長とマネージャー、及び本社の経理スタッフが集まり、当面の単年度計画についてシミュレーションを行うこととなった。

　Ａ社の商品構成は、ビデオ、テレビ、オーディオ、コンピューターで全体の93％を占めている。新店舗は店長、マネージャーの他、スタッフとアルバイト４人、及びメーカーからのヘルプが２人の計８人でスタートする。すでに、月別・商品別の売上計画の他、固定費、人件費、在庫、設備等については計画済みだ。

　店長は新店舗の責任者として張り切っているので、大丈夫かなと思えるほどの売上計画が積み上げられている。売上計画は会社の生命線になるだけに、最も重要な計画である。逆にいえば、売上計画以外は計画通りの数値を会社は構築できるはずだ。

　そのため、売上計画が立てにくい場合には、予算化できる固定費などの各データだけでシミュレーションを行う。通常、当座資金として毎月末にマイナスで表示されている金額を賄いきれていなければその企業は倒産する。つまり、それだけの固定費が必要ならば最

低必要な計画すべき売上高がわかることになる。

　どうしてもクリアできない月があれば、買掛債務の支払計画や借入返済計画の修正が必要になってくる。

　事業計画の資金繰りシミュレーションを行うと業種の違いにもよるが、だいたい４カ月から６カ月目あたりに当座資金（キャッシュ）がマイナス表示されることが多い。

2 資金不足の理由を知る

　Ａ社の新店舗も予想通り、期中に資金がショートしてしまった。つまり、年間では利益目標を達成できるはずなのだが、事業開始６カ月目に資金不足で倒産しているわけだ。

　新店舗の店長や現場マネージャーに初めて選ばれる人は、経営の一面だけを重視してしまう傾向がある。そこで、資金ショートを起こした場合にどうやって資金不足を埋めるのかという質問をすると、「お金を借りる」という発想しか浮かばない人が多い。

　回収期間を縮めるのも、固定費を下げるのも、資金調達の一種なのだ。そのためには返済をしなくてもよい、あるいは、コストのかからない、さらには、安いコストの資金調達法を優先させるということを理解しておかなければならない。

　結果的に金融機関からの借入れしか方法がなければ、どの金融機関からどういった条件（金利や据置の有無、借入期間など）で調達するのか、その場合の交渉のポイントは何かなど、様々な事前対策が必要になる。まさにDR（デットリレーション）戦略を行わなければならないのだ。

3 原因別の対処法

　企業に資金不足が発生する際には必ず原因がある。これを把握しておかないと場当たり的な対策しか打てなくなる。仮に一時的に抜け出せたとしても、結果的には企業の継続性が難しくなる状況を生んでしまう。そこで資金不足の原因を４つに大別してみた（図表１－１参照）。

　ここでは資金不足の原因を**(1)収益力の低下**、**(2)過大な設備投資**、**(3)資金バランスの悪化**、**(4)その他**、に分類している。会社設立時や冒頭のような新店舗の出店計画においては、**(2)**と**(3)**が主たる検討項目になってくるだろう。

　例えば、**(2)**の過大な設備投資による資金不足は、設備投資による償却前純利益と借入金返済額のバランスが崩れていることから生じてくる。要するに、新規投資が思うように収益を稼がないため、資金不足となるわけだ。

　そのために少なくとも新規の設備投資に関しては、減価償却費を考慮した借入金の返済額を考慮しておかなければならない。つまり、こうしたケースでは金融機関との借入期間の交渉が重要になってくるのである。

　さらに臨時的な資金対策を行う他、利益・資金管理体制の見直しも行わなければならない。新規投資以外の部門利益が伸長しているならば、増資や社債発行、又は、単純な増資だけではなく、従業員持株制度や公的資金の活用なども考慮すべきだろう。

　一方、**(3)**の資金バランスの悪化の改善は、悪化原因によって対策が異なってくる。例えば、増加運転資金が不足しているならば、必要増加運転資金に見合う短期借入金（手形借入の書き換えの継続）の調達でも賄える。

増加運転資金とは、売上増加に伴い必要となる資金のため、利益計画さえ健全であれば必ず短期間で決済できる。つまり、増加した売掛金、受取手形、在庫と増加した買掛金、支払手形の差額分を補塡するための資金なので健全な資金不足なのだ。金融機関もこうした増加運転資金に関してはスムーズな対応をしてくれるはずである。

4 債権・債務を改善する

　一般的な資金バランスの改善には、売掛債権の回収促進、手形サイトの短縮、買掛債務の長期化、在庫計画の見直しなどがある。ただ、手形サイトの短縮については売上計画と連動しているだけに難しく、買掛債務の長期化も材料費や仕入の単価アップにつながりかねず、そのため限界利益率に影響を与えるかもしれない。

　そこで、資金面を重視するためには売掛債権と在庫の内容をしっかり吟味することが重要になってくる。売掛金の増加原因の大半は、

---

① 売上の増加
② 回収期間の長期化
③ 不良債権の発生
④ 管理ミス

の4点が主たるものだ。

　特に、②〜④は販売管理システムが適正に作動していれば未然に防げるはずである。そのためには、営業と経理の管理体制の一体化がポイントになる。

❖図表1−1❖　資金不足の原因と改善の仕方一覧表

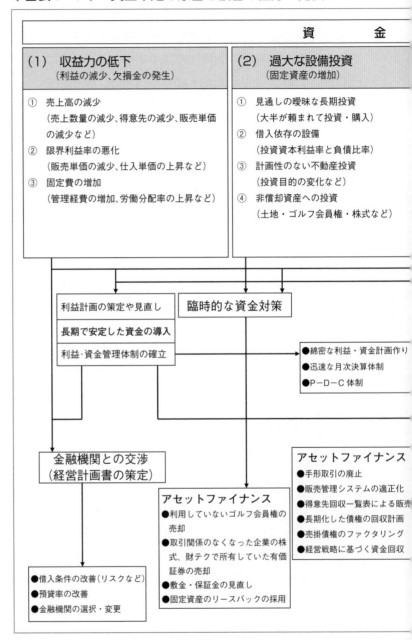

不　　足

（3）　資金バランスの悪化
（運転資金の増加）

① 増加運転資金の不足
（売上の伸張時に起こる）
② 回収と支払条件のアンバランス
（利害関係者との力関係）
③ 売掛債権などの回収遅延、回収困難
（貸倒の増大）
④ 過剰生産・過剰在庫・不良在庫
（減耗損失）
⑤ 信用債務の決済期間の短縮
（仕入先の圧力など）

（4）　その他

① 不良債権の発生（取引先の倒産など）
② 借入金の返済方法
（返済原資の減少と返済期間の短縮）
③ 過小資本（自己資本比率の低さ）
④ 仮払金、貸付金などの不明勘定
（同族役員勘定など）
⑤ 信用失墜
（法令違反など、コンプライアンスの不備）
⑥ 経営手腕の未熟さ
（企業後継者や無理念経営者）
⑦ 過大な税金負担（交際費課税など）

売掛債権の回収促進
手形サイトの短縮化
信用債務の見直し
在庫計画の改善

管理システム
の強化

戦略的な節税対策

増資や社債での財務改善

デットファイナンス
● 少人数私募債の発行
● 私募社債の発行
● 会員制システムの活用
など

エクイティファイナンス
● 私募増資
（時価発行・中間発行・額面発行）
● 第三者割当増資（共同化など）
● ファンド（投資事業組合）の組成
● エンジェル活用
● 株式型クラウドファイナンス
● 従業員持ち株制度の採用
● 公的ベンチャーキャピタル　など

アセットファイナンス
● 売掛債権の証券化
● 不動産の証券化（SPC 法などの
活用）
● 動産（売掛債権や在庫など）の担
保化　　　　　　　　　　　など

● 計画的な仕入体制と見直し
● デッドストックの処分
● 売れ筋把握による商品構成の変化
● 同質同量による安い仕入ルートの開拓

少なくとも売掛金の回収については、①条件通りの回収が図られているか、②長期化した債権の回収計画は別途作成されている通りか、③得意先構成別の回収一覧表による販売戦略を考えているか、などを日常的にチェックしておくことが要求される。特に、債権管理台帳（売掛債権年齢表など）による定期的検証は欠かせないだろう。

　一方、在庫の圧縮には、

---

① 計画的な仕入体制
② デッドストックの処分
③ 売れ筋把握による商品構成の変化
④ 同質同量でより安い仕入ルートの開拓

などで対応することとなる。
　例えば、A社の資金不足は初期における在庫量や支払計画が適正ではなく、オープン初期の月別の経常収支比率を悪化させているために発生している。そうすると、在庫の一部を買取りではなく委託にしたり、オープン当初の在庫に関してだけは支払計画を大幅に遅らせるなどといった対応法を採るだけで、資金不足から脱却できることになる。何もコストのかかる借入金による調達をする必要はないのだ。

5 資金こそ企業継続の絶対必要条件

　社会や経済の仕組みが複雑になればなるほど、利益と資金の関係

は単純ではなくなってくる。赤字になって会社が倒産するのではな
く、資金不足になって継続が困難になるのである。資金ショートは、
間違いなく企業の目的である「継続」をストップさせてしまう。

　企業にとっては、資金は人間の血液に例えられるように、資金も
血液も適正に流れていることで生存が許されているのだ。

　利益は年間計画で対応しておくことは可能である。ただ資金は、
一日一日が勝負なのだ。そのため、少なくとも月別のキャッシュフ
ローの検証は欠かせないといえるだろう。

Column　**黒字倒産はあり得るのか？**

　利益が出ているのに、資金が足らなくなって会社の継続が不可能にな
るケースを黒字倒産という。この場合の利益とは、経常利益のことであ
る。ただし、「本当に経常利益が出ているか」という点では、しっかりと
調べておく必要がある。「利益は企業の意志で生むことができるが、資金
（現金）は事実である」からである。

　つまり、本当に利益が出ているのに資金が不足するというのは、増加
運転資金の不足か、負債の調達方法
（つまりは、金融機関からの借入金
の返済方法の設計）のミスに絞られ
る。したがって、これらは解決でき
る。右図は、利益と資金をマトリッ
クスでまとめたものである。黒字倒
産はあり得ないということを表して
いる。

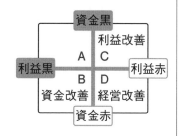

Ⅱ 資金調達の8つの視点

1 「資金調達＝金融機関」という思い込み

　企業活動では「資金」と「顧客」の二本柱が重視される。広く捉えると、ファイナンスとマーケティングということだろう。

　前者はバランスシート上の資金調達として債務項目と資本項目に分類され、後者は損益計算書の資金調達として売上項目で表示されている。いずれも貸方科目（右側）にあることを理解しておかなければならない。つまり、財務諸表の貸方とはすべて資金をどのようなルートで調達したかがわかる項目で構成されているということだ。

　ところで、中小企業においては資金調達というとパブロフの犬のように「金融機関から調達する」ということが頭に浮かんでしまう経営者が多い。

　日本の社会では、戦後、間接金融という仕組みが構築されてきた。軍需産業を守るために果たしてきた金融機関の役割（低い利率と横並び）を、戦後復興のために民間企業にシフトしたからである。

　つまり、戦後、国が間接金融の仕組みを構築してきたのだ。その結果、現在では中小企業に「資金調達＝金融機関」という構図がしみ込んでしまったのである。国策から生まれたのが日本の間接金融という制度だといっても過言ではないだろう。

2 資金調達の優先順位

　資金調達を大別すると8つの方法がある。この8つには優先順位がある。優先順位を含めてマトリックスとしてまとめたのが次の図表1-2である。

❖図表1-2❖　中小企業の資金調達を考える場合の財務関係図

Cash	Asset	Debt		Equity
		Short	Long	
No Cost	3	6	5	1
Cost	4	8	7	2

1．利益
2．増資
3．コストのかからない資産
4．コストのかかる資産
5．コストのかからない長期債務
6．コストのかからない短期債務
7．コストのかかる長期債務
8．コストのかかる短期債務

　この優先順位は、当然のことながら次のような背景をベースとして順位付けられている。

①　自由に使える上に、返済の義務がない。
②　返済義務はあるが当面の返済はない。
③　調達した資金にコスト負担がない。
④　コストはかかるが負担は少ない。

つまり、企業経営にとって返済義務のない、かつ、コスト負担がない資金を調達するのが最善なのは当然である。逆に、最も効率の悪い資金調達は、調達した資金の全額を早期に返済しなくてはならない上にコスト負担が大きいというケースだ。

　こうした理解をしておくと、前ページの図表1-2の意図していることが把握しやすくなるはずである。

3 資金調達を考えるための基本

　それぞれの調達内容をチェックしてみよう。

(1) 利益（現実的にいうと売上）

　きわめて簡単にいうと、企業にとって最も良質な資金調達は利益である。利益を生むことで、長期的には資金が蓄積されてくるからだ。ただし、利益には法人税などの税負担があるが、税負担は社会貢献の1つだと考える必要があるため、ここでいう利益は法人税等税引後の利益のことである。バランスシートでは利益剰余金として蓄積されていく。

(2) 増資（出資）

　企業を設立する場合は出資だが、ここでは継続企業として考えているため、増資になる。増資とは、新株の発行のことで、株主割当や第三者割当による増資を行うことが多い。

　増資を行うことで配当というコストが発生するが、中小企業の場合は配当戦略を重視している企業は少ない（所有と経営の距離が近い）ため、配当がなければ(1)の利益と同じスタンスになる。

⑶　コストのかからない資産

　バランスシートの左側にある資産項目から資金を生み出そうとするものだ。要するに、現在、及び今後の企業活動にさほど大きな影響を及ぼさない資産なら早期に売却して資金化するという考え方である。

　この場合に、売却に係るコスト（例えば、仲介手数料、売却に関する間接コスト、売却により課税される税負担など）がかからない資産を優先すると売却資金がそのまま活用できるということになる。

⑷　コストのかかる資産

　⑶の資産の中でコスト負担があっても企業活動に影響のない資産を早期に処分するということである。

　仲介手数料や株式手数料、あるいは、名義移転による様々な手数料、さらには、売却に伴う法人税や所得税などの課税負担があっても資金調達を優先して売却するということだ。⑴〜⑷までは基本的に返済義務のない資金調達といえる。

⑸　コストのかからない長期債務

　⑸〜⑻の各項目は、負債による資金調達（デットファイナンス）である。したがって、どのような調達方法であっても支払義務が生じることになる。

　コストのかからない長期債務には、例えば、預り敷金や預り保証金がある。金利負担のある預り保証金もあるが、一般的には負担のないケースの方が多いだろう。

　10年間の預り金なら、10年間はノーコストで資金が活用できるということだ。

⑹　コストのかからない短期債務

　これらはバランスシートの中で流動負債として計上されるケースが多い。要するに、信用取引といわれる買掛債務、未払債務の類である。今回のコロナ対策資金（3年間無利子、返済なし）などもこのエリアに入る。

　支払うべき債務を少し猶予してもらっているということは、一種の資金調達なのだ。ただし、手形（支払手形）に関しては、時代の流れとともに活用できにくくなり出していることに注意しておく必要があるだろう。

　一方、最も活用したいのが前受金である。前受金の未来は売上につながるため、債務といいながらも、原則的には返済の必要のない短期債務である。売掛債権の反対に位置している勘定科目のため、積極的に活用すべき仕組みといえる。

⑺　コストのかかる長期債務

　この項目には、社債などの長期債務がある。前述した金利コストのある預り保証金などもこのタイプに入ってくる。

　社債には5年物、10年物といわれるように、5年、あるいは10年間は返済がないため、その期間は資金を自由に活用できることになる。金利がかかるため「コストのかかる」ゾーンに入るが、この場合の金利は返済期間が短期ほど低く、長くなるほど高くなってくるのは投資家に対する配慮である。中小企業が活用している少人数私募債などはこのゾーンに入ってくる。

⑻　コストのかかる短期債務

　最も資金調達で考慮しておかなくてはならないのが「コスト負担

があり」、かつ、「返済が早い」というゾーンである。これに該当するのが金融機関からの資金調達だ。

　長期借入金などは、図表1-2にある7の長期債務になるのではないかという質問をよく受ける。長期借入金は単に返済期間が長いだけであり、ほとんどは借入金による資金を調達した当月、もしくは翌月から返済が始まっている。その上に、金利は1カ月の先払いであり、表面金利よりも実際は高くなっている。

　また、資金調達のために担保を設定したり、連帯保証人が必要になるケースも多く、こうしたコストも先払いコストになるため、実効金利はより高くなり、使える資金は減少していくことを理解しておかなければならない。

　ただし、不動産投資や工場建設投資など、大口資金を導入する場合はこうしたコスト負担を組み込んで計画しているため、その中でより有利な金融機関を選択することになる。

4　クラウドファンディングで近づく投資家との距離

　また、最近話題になっているのがクラウドファンディングである。クラウドファンディングは東日本大震災以降に被災地の中小企業支援で注目を集めた。

　2015年5月29日からはインターネットで手軽に中小企業の株式が購入できるようになったことで2度目の注目を集めている。

　これは、先ほどの資金調達の優先順位では2番目の調達方法に該当する。そのためには、中小企業側がいかに自社をオープンにできるかが鍵となってくるのだ。

Ⅲ 資金調達の実例集

1 徹底した資金運用の見直しでスピード改善

(1) 4つの企業パターン

　中小企業の現状を分析すると、だいたい次のようなパターンに分類できる。①P／L好況、B／S好況、②P／L好況、B／S不況、③P／L不況、B／S好況、④P／L不況、B／S不況、という4つの形態だ。もちろん、好況・不況という中でもそれぞれ質が異なるが、大まかに分けると、企業は必ずこの4つのパターンのいずれかに属することになるだろう。

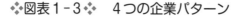

❖図表1-3❖　4つの企業パターン

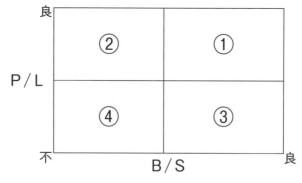

ここでいう好況・不況を分ける基準は、損益計算書（利益基準）では営業利益から借入金金利や社債利息を控除した金額が黒字ということだ。この場合、過去3期実績の流れと今後の短期事業計画をベースに区分していく。

　貸借対照表（財務基準）では資本と資金の状況とその推移のバランスをチェックする。そのため、純資産（自己資本）比率とキャッシュフローの現状によって区分けすることとなるだろう。中小企業の場合は、役員からの借入金など広い意味の関係者に対する債務などは自己資本とする方が実態に合っているため、修正バランスシートの作成も要求されてくる。

　さらに厳密にいうなら資産項目はすべて時価に再評価して純資産比率を計算することが必要になる。時価で見直してこそ本当の純資産比率が見えてくるからだ。

(2) P／L好況、B／S不況の小売店

　生活雑貨の小売店を展開しているA社がある。従来は陶器店だったが時代の流れを読みながら業態を少しずつ転換してきた。新しい顧客層を開拓し、現在では数十店舗にまで拡大している。

　単なるチェーン展開ではなく、立地や客層、店長の好みなどで各店舗がそれぞれに個性を持って魅力を高め合ってきた。顧客が自分好みの商品を求めて複数の店舗で商品を探し回ることができる仕掛けも作っている。そのお陰で、消費不振の昨今でも15カ月連続で各店舗が前年実績を上回っているのだ。

　ところが、バブル期における本社の購入、多店舗展開による在庫量の拡大、テナントとしての差入保証金の増加などにより財務バランスが一気に悪化してきた。

　資金調達のほとんどを短・長期借入金に依存してきたこともあ

り、純資産（自己資本）比率とキャッシュフローの悪化が目立ってきたのだ。図表１－３の分類法に沿うなら、②のＰ／Ｌ好況、Ｂ／Ｓ不況に属することになる。そのため、Ａ社社長は対金融機関交渉が主たる仕事となり、出店戦略や社員教育が後手後手となってきたのだ。

(3)　在庫・本社・店舗資金の分析

　Ａ社は、とりあえず、３カ年目標を設定することとした。①銀行借入金の削減、②月商借入金比率の圧縮、③純資産比率の上昇という財務状況の改善に関する３項目を最大の目標としたのだ。３つといっても実質は、借入金の削減とキャッシュフローの改善に集約されている。逆にいうと、削減のための検証手法を３つの目標に託したというわけだ。

　３カ年をさらに単年度に落とし込むこととした。特に初年度は、ポイントとなっている商品（在庫）・不動産（本社ビル）・保証金（賃貸店舗）といった資金運用の内容を再検討して資金調達法を改善していくこととなった。

　Ａ社における商品在庫量はＡ社の売り物でもある。商品が売り物というより、商品量が売り物なのだ。顧客層が10代後半から20代の女性中心であり、ショップは一種の愉しさを提供している「場」である。様々な類の生活に潤いを与えるファンシー・雑貨ショップだけに、「愉しい商品を探し出す喜び」が売り物なのだ。

　１店舗当たりの商品在庫量を削減することは、顧客の愉しみを奪い取ることになる。単なる在庫削減による資金改善と引換えに顧客を失うというのでは、本末転倒になってしまう。

　Ａ社は多店舗展開を長期戦略の１つとしている。１店舗当たりの在庫量が減らせなければ店舗を減らすしかないのだが、長期目標に

反してしまう。Ａ社としては、現在の業態と戦略を踏襲するなら在庫量は増え続けてしまうのだ。そうすると、在庫に合う資金の調達法を変えることが必要になってくる。

(4) なぜ必要なのか

本社及び倉庫や店舗の一部を所有している現状についても検討を始めることとなった。役員会では、本社の存在意義、倉庫の必要性などを叩き台に乗せることとした。なぜこの場所なのか、なぜ所有しているのか、現状のスペースは適正なのか、そのためのランニングコストとのバランスは良好か、商品の搬入と流通の仕組みは合理的か、流通コストに無駄はないか、本社スタッフの通勤状態の再確認といった点をもう一度見直ししていくという作業である。

その結果、本社は所有している必要がない、スペースは半減できる、倉庫は他社との共有でも可能、駐車スペースはもう少し広げたい、ショールームも兼ねたいなどという改善テーマが生まれてきた。

差入保証金も多額の資金が寝ていることを示している。差入保証金というのは、本来、家賃保証の意味合いから生まれたものだ。現在ではオーナー側への貸付金と同じ性格になってしまっている。

不動産価値の低下や入居者の減少等に伴い、保証金の性格も本来の家賃保証型にシフトし出してきた。テナントの支払う家賃の保全にしては家賃の10カ月分などという保証金は高すぎるというわけだ。

そこで高収益店舗のオーナーに対しては、金利分を上乗せした家賃に変更することで保証金を返還してもらう交渉を行うこととした。一方、平均ベースの店舗オーナーには、適正保証金と適正家賃を算出した結果をプレゼンテーションして、契約の見直し交渉を行った。もちろん不採算店舗のオーナーにはかなり強気の要求を突きつけることとしたのだ。

⑸　直接金融システムの活用

　いずれにしても、Ａ社の現状では金融機関からの借入金が多すぎることを背景に、資金の使途である在庫・不動産・保証金を０ベースで全面的に見直し、３項目をクリアしていこうとしたわけだ。

　Ａ社の在庫資金は、財務管理上は流動資産ではなく固定資産としてとらえる必要がある。したがって、在庫資金の調達を少人数私募債の発行と第三者割当増資にシフトすることとした。

　少人数私募債は総額8,000万円、Ａ社の定めた金利は1.0％。取引先23社を対象に発行することができたのは、日頃の取引態度のお陰である。いざという時に応援してもらうためには日常の活動が必ず影響してくる。これは金融機関に対しても同じだろう。

　保証料、抵当権設定登記料、収入印紙代などを勘案した金融機関からの実効金利は優良企業でも１％を下回るのは難しい。少人数私募債の発行の結果、Ａ社にとっては利益率の改善にもつながった。募集に応じる側も「毛」より下の「糸」にも満たない超低金利時代に年1.0％の運用利息はかなり有利な運用方法といえる。

　第三者割当増資は、主要取引先３社と無系列のベンチャーキャピタル１社を対象に時価で１億円分の増資を実施した。私募債発行で情報を公開したのを機に、親族だけだった株主を取引先にも広げることで経営の安定度を高める狙いがあったためだ。

　保証金も流動化を徹底することとした。オーナー交渉で改善した後、さらにリース会社を活用して保証金のほとんどを回収してしまったのだ。現状では20カ月ほどで短期借入金をゼロとした他、長期借入金の大半も返済できたのだ。

　総資産の圧縮や増資により純資産（自己資本）比率も改善され、キャッシュフローが好転して毎月の余剰資金が生まれ出した。社長

も前向きの戦略業務に没頭できることとなったことが最大のポイントかもしれない。

　さらに今期は、本社ビルの証券化と第2回私募債の発行及び新規8店の出店計画を実行することで3カ年計画を1年前倒しで完了させていく予定を立てている。

2 事業再編を使ってピンチ脱出!?

(1)　規制緩和をどう活かすか

　組織再編に関する商法・金融商品取引法（以下「金商法」）・法人税法などの改正が一気に進んだ。商法などは、1993年頃から毎年春・秋に改正されていたため、少し日本を留守にしていると追いつくのが大変なくらいの急変である。とうとう、改正どころか2006年に会社法が新設されてしまった。

　もちろん、これは時代の要請によるものだ。基本的には上場企業を始めとする大規模企業に対する制度改革である。売上高や社員数の多い企業に便宜を図ることで、日本社会の混乱が落ち着くと考えているためだろう。そのため、中小企業サイドから見るとあらゆる面において切り捨てられていると感じている人が多数いることは間違いない。

　ただ、こうした商法・金商法などの改革、あるいは会社法の新設などは、中小企業にとっても規制の撤廃や緩和につながっている。組織の決議事項や資金調達などで簡便化が図られているからだ。しっかりとした戦略を立てればたくましく生き続けていくための手掛かりがいくつもあることに気付けるだろう。

(2) 依頼事項の3点整理

　顧客企業からの紹介で、文具など消耗品の通販ビジネスを展開している B 社社長が来社された。ヒアリングの後にまとめた要素は次の3つに集約されている。

　1つは、特定の官庁に納品している事業が全体の70％を占めているが、今後はかなり受注の制約を受けそうだということだ。時代とともに官庁の意識も大幅に変化しており、単に昔から取引していたというだけでは今後も継続するかどうかはわからない。

　そのため、売上の減少に歯止めがかからなくなる可能性が出てくるのではないかというわけだ。つまり、B 社の事業構造の抜本的な見直しを図らないと将来がないのではないかと心配されている。

　2つ目は、バブル期に銀行から勧められて購入した本社ビルの借入金がかなり残っているということだ。その上、ビルの価格が大幅に下落してしまったため、売却しても到底借入金の完済はできない。

　もう1つのポイントは、自宅も担保に提供しているために競売されてしまうのではないかという点である。まだ小・中学生の子供がいるため不安で仕方がないというのは理解できる悩みといえるだろう。

(3) マクロのミクロ化

　クライアントからの依頼に対してコンサルタントがやるべき最初の業務は、相談内容を明確にして優先順位を付けていくということである。そのため、相談内容をできるだけ個別化することが望まれる。

　個別化した内容を、今度は目的を明確にしてまとめていくことによって、全体像をつかんでいく。ロジックツリーという手法だ。最

終的には再び全体像から個別に落とし込んでいく作業となる。

　マクロのためにミクロを理解するとともに、マクロの最適化の中からミクロの最適化を求めていくという過程を踏むわけだ。

　B社のケースは、事業構造の改革をすることにより、B社の存続性をどのように決定していくのかが究極の目的になった。ただ、短期的には、①借入金の返済が苦しい、②自宅が競売されるおそれが高い、③不動産が大幅な含み損を抱えている、④社員の将来が不安であるといった点が課題となっている。

　そこでまず、最も緊急を要する悩みに対するリスクチェックを行うため、自宅の登記簿謄本を検証することとした。その結果、自宅敷地の一部が保証人ではないB社社長の父親名義になっていることが判明したのだ。この物件を銀行が競売にかける可能性はきわめて低いこと、仮に競売となっても競落できるのは父親以外にあり得ないだろうということを具体的に説明することで当面の悩みの1つを解消することができたのである。

(4)　中小企業の事業再編

　さらに、官庁との契約内容や取引実態からみて、契約期限の変更などによる売上の減少時期に入るまでに時間的余裕があることを確認した。その後は、なぜ社有の自社ビルが必要なのか、事業の性質からみて、現在の立地は本業にどの程度の影響を与えるのかといった検証を並行して行うこととした。

　ビジネスモデルを考えると、立地戦略はさほど重要ではない。在庫商品の倉庫さえ確保できれば速やかな移転は可能であることがわかり、家賃単価がかなり低くなっている地域に移転することに決定した。

　事前に調査を終えていた本社ビルの活用法については、比較的好

立地であったこともあり、1階にコンビニエンスストア、2〜3階にメディカル系のテナントオフィス、4階には学習塾を誘致することとなった。

B社の戦略は一種の事業・組織再編である。B社は既存の消耗品通販業から不動産賃貸管理業に事業転換した。同時に、消耗品通販事業を旧会社社員とともに新会社に営業譲渡した。会社分割という仕組みを活用することも可能だが、不動産を動かすわけではないことからコスト面を考慮して営業譲渡を選択したのだ。

同時に、既存B社は社名を甲社に変更することとなった。

新設会社の名前はB社である。社名と取引先は変わらない。顧客先には本社移転のレターを送付しただけである。借入金ゼロ、売上高5億円の新会社B社が誕生したのだ。

(5) 金融機関交渉の前提条件

もちろん、既存のB社（現甲不動産賃貸会社）には借入金が残っている。それも3行からの借入金が残っており、その上、毎月の返済期日も異なり、金利も返済期間もバラバラである。

したがって、金融機関別の対策を立てる前に、不動産賃貸料と管理費・修繕費等を加えた20カ年の利益計画・資金計画・財産計画をシミュレーションすることとなった。確定した家賃収入をベースとするとともに、将来、家賃が10％引き下げられたケースも作成した。この前提ならどのくらいまでの返済なら可能かどうかを検証し、元利均等返済、固定金利で平均年2.0％以内なら14年で返済が完了することがわかったのだ。

シミュレーション資料や分析レポートを持参して、現状で実行金利の最も低い金融機関と交渉することとなった。もちろん、他の金融機関からの借入資金についても同条件で引き受けてもらえないか

も打診したのは当然だ。B社にとって納得のできる条件を示してくれることができたため、借入金の一本化と家賃収入の範囲内での返済条件が可能になったのだ。

B社（現甲不動産会社）は相場よりも若干安めの賃料設定にしている。さらに、駅に近い立地条件も貢献して安定した家賃収入が確保できていることで、現在は、毎月の返済も地道に実行している。

(6)　経営判断の迅速性が勝負

無借金となった新会社B社は、事業計画を立案して社長や社員が資本金を出資した。さらに、官庁に販売していた消耗品の通販事業の良質な経営資源といえる①納期、②仕組み、③コストを民間にも提供するための会員制システムを導入することとした。商品の取扱い以外にサービス部門（修繕部門の強化など）を加えることとしたのは社員からの提案を採用したからである。

これらの初期コストは資本金以外には日本政策金融公庫と少人数私募債の発行で賄うこととした。部門別の原価管理を徹底することで部門利益を明確にして、給与制度を業績給与体系へ移行するきっかけにもなったのだ。幸いなことに、官庁への通販ビジネスもさほど減少することなく継続しているので、新会社は良好なスタートを切ることができている。

中小企業ほど経営者である社長の経営判断が会社の存否を左右するのは間違いない。特に「目的を明確にした」「的確で迅速な決断」がより重要である。言い古された言葉だが、企業を生かすも殺すも社長次第なのだ。

❖図表1-4❖　B社の戦略構築のまとめ

1 B社は、自社ビルであるビルを所有して、通販ビジネスを展開していたが、新たに新B社を新オフィスにて設立(分社化)して、事業を引き継がせる。

2 新B社は、移転先の家賃・管理費等のオフィス・倉庫用固定費は、現状の自社ビルの維持管理に係る固定費と、借入金返済金額に金利を加えた合計額の50％以内で計画する。

3 B社は社名を甲社として、現在の自社ビルは、維持・管理していくものとして投下資本収益力をもとにテナント誘致を行う。

4 甲社に社名を変えた旧B社は、不動産賃貸管理に目的を変更して不動産所有管理業に徹する。

5 甲社と新B社は取引金融機関に対して新しい事業計画を策定して、今後の支援を依頼する。

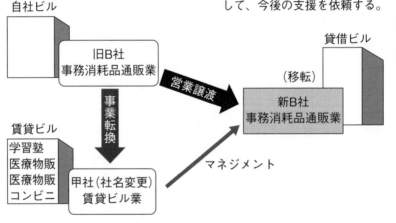

3 起業時のファイナンス戦略の作り方

(1)　セーフティネットの本質

　サーカスの空中ブランコなどで利用される安全網(セーフティ

ネット）は地面に近い場所に張りめぐらされている。演技をしている近く——つまり高い場所に張らないのは、演技者のリスクに対する心構えと感動を与えるための観衆の視点といった両面を重視しているからだろう。

　演技者のリスクに対する心構えとは、失敗しても安心できる状況を与えるのか、強い緊張感を意識させておくのかの違いといえる。空中ブランコをしているすぐ下にセーフティネットがあるのと、地面に近い場所に張ってあるのでは、演技者の心の持ち方がかなり違うのだ。

　基礎練習の期間は演技者のすぐ下に設置しているが、少し慣れると練習時から地面ギリギリにネットをセットし直して練習を繰り返すことで、演技に強い緊張感をもたらせていく。これが本番で失敗しにくい要因になってくるといえるだろう。

　セーフティネットは、昨今の日本経済の活性化論議にもよく登場する。ところが、大半の論議が会社を崩さないように保護したり、簡単に資金を援助したりする仕組み（補助金や助成金あるいは、公的保証による融資など）を早く構築せよという方向に流されてしまいがちになっている。一種の「バラ撒き行政」をセーフティネットと勘違いしているのだ。

(2) 「失敗を経験」と認める社会づくり

　本来のセーフティネットとは、一度壊しても再起しやすい土壌、あるいは、新規に事業を立ち上げる際に応援しやすい社会風土や法律の整備を行うことである。国がすべてを保護したり助成したりすることではないのだ。前者が地面に近いセーフティネットで、後者は演技者が一向に上達しない上部に張りめぐらされたセーフティネットともいえるだろう。

高い場所にネットを張っていると、空中ブランコから手や足が離れても大きなリスクを伴わない。したがって、本質的な恐怖を身体がなかなか覚えないのだ。適当に資金を集めて会社を設立したり、1円会社で設立したりしても、うまく稼動しなければ簡単に事業を放棄してしまう。これでは失敗が経験として蓄積されない。

　地面に近いネットとは、その事業が立ち上がるまでに徹底した経営意志の反芻、事業に対する思い、溢れんばかりの情熱、あるべき未来像、ビジネスの社会性、そのための戦略、具体的な手法などを、何度も何度も確認し合いながらシミュレーションを実行していかざるを得ない。空中ブランコでいうなら、本質的な恐怖を身体に覚えこませるための儀式といってもよいだろう。

　起業することは相当のリスクを伴う。そのためには、企業の仕組みに社会性が要求されることを理解しておかなければならない。株式会社制度が生まれた背景にある「志」や「信念」などとともに、結果や計画の「ディスクローズ」が重要であるということをDNAに落とし込む必要がある。最近の直接金融型の資金調達法と考え方が一致していることにも気付けるだろう。

　その代わりに、起業に失敗してもそれを許容する社会風土づくり（チャレンジ精神を讃えて、結果は運の有無ととらえられる社会）が望まれるのだ。

(3)　徹底した起業前事業計画

　脱サラして、社会に新しい精密加工技術を提供することを考えた3人組がいる。社内ベンチャーとして提案してきたが受け入れてもらえず、それならば自分たちでこの技術を社会に問うてみようとしたのだ。相談を受けたのは、成長が見込める光通信向けに的を絞り、光ファイバー接続器の主要部品フェルールを、先行している企業の

１／３以下の価格で供給できる独自の構造と製法の開発に目途が立った時期である。

　早急に会社を設立する予定だったが、あまりに事業計画がずさんで未熟だったため、この見直しに時間を費やすこととなった。月に２～３度退社後にカフェに集まり、①何のために起業するのか、②何を目標としているのか、③開発中の技術の応用性と将来展望、④時代と空間（つまりはタイミングと市場エリア）を考慮した営業戦略、⑤技術の先細りへのリスクヘッジなど数値計画以前の事業戦略づくりについてディスカッションを繰り返すこととなった。もちろん、この間に３人の中で様々な葛藤が生まれ、白熱した討論になったことは１度や２度ではない。

　会社を設立したのは最初の相談日からすでに１年以上が経過していた。当面の資金は全員が持ち寄った資本金（脱サラした時の退職金など）だったが、開発・試作・生産にはこの程度の資金では焼け石に水である。

　徹底した起業前の事業計画の中で、出費のかさむ創業時の資金調達についても計画を立てていたのは当然だ。設立当初にすかさず実行したのが少人数私募債の発行である。３人の友人や試作時から協力してくれていた生産委託先の企業や個人が応援してくれたのだ。

⑷　起業前計画の実行

　６カ月後からは金型製造などに資金需要が発生する。基本的にはファブレス（工場を持たない会社）を志向しているものの、当初の設備や金型などのコストは当社で負担しなくてはならない。売上ゼロの企業としては生産委託先へ大型先行投資を依頼できるだけの信用が生じていないからだ。

　そのため、当初から考えていたのは第三者割当増資である。将来

の利益計画から1株当たりの引受価格も算定していたので、資本政策に沿って割当てを実行することとした。

　少人数私募債や第三者割当によってほとんど計画的に資金が調達できたのは、起業前の徹底した事業計画づくりが効を奏している。3人ともこの会社のあるべき姿を完璧に理解しており、自社の社会への必要性から技術の応用度、市場シェア、国際間競争などに至るまでのビジョン、戦略、事業見直し、資金計画などが身体にしみ込んでしまっているのだ。身体が覚えてしまっているのだから、出資者に対する説得力は半端ではない。

　株主や債権者は、経営に対する心意気、新技術にかける意欲、技術の可能性、有望性を信頼して出資や債券を引き受けてくれる。同時に、国の認定企業にも選ばれたが、これも技術のお墨付きを得ておきたいという起業前からのスケジュール通りなのである。

⑸　パブリシティファイナンス

　さらに、半年後からは本格的な量産体制に入っていく。そのためには億単位の設備資金も必要とされることとなる。この段階になると、私募債の範疇を超えてしまう。そこで、パブリシティを利用することとした。

　新聞にビジネスプランや企業像を紹介してもらい、この会社の存在を社会に知らしめるという方法だ。取材対象となるため、費用などは一切かからない。小さな企業が、1社ずつベンチャーキャピタルなどを訪問して説明しても時間ばかりかかってしまう上、その効果は高くない。名もない中小企業が採るべき戦略の1つが、技術を事業計画に落とし込んで広報を活用するパブリシティ戦略なのだ。

　おかげで、新聞掲載日から問合せが殺到した。1カ月かけて10数社のファイナンス会社と交渉した結果、将来の海外営業も考慮して

大手商社を中心とした第三者割当を実行することができた。

　地面に近い場所（再起のしやすい風土や技術などの評価システムの援助など）へセーフティネットを張ってもらえさえすれば、野茂投手らに代表されるように、日本にはチャレンジ精神溢れる若い中小企業や個人は数多くいるのだ。

Column　中小企業の設立時のファイナンス戦略

　中小企業にとって利益と資金は車の両輪で、エンジンが理念だといわれる。したがって、新しく会社を設立する場合は、おそらく、エンジンという理念はしっかり動いており、さらに利益を生むための車輪にも目途が立っているケースが多いと思われる。ところが、もう一方の車輪である資金については不安定な企業が少なくない。なぜなら、日本の中小企業の大半は、経営者が自分で蓄えた資金で資本を作り、残りは金融機関や日本政策金融公庫などから借入れを予定しているからだ。

　これが将来にわたって純資産（自己資本）比率が高まらない要素の1つ（もう1つは節税中心の経営を行っているため）といえるだろう。こんな事業をやりたい、なぜならこれからの社会にとっては必要であるからだ、などという理念中心の事業計画が立案されて、この企業に出資を集うというのが株式会社制度の本来の姿なのである。したがって、本来は設立前にこうした事業計画を友人や知人、あるいは第三者などにプレゼンテーション（IR戦略）して、出資（社債などの発行なども）を引き受けてもらうという段取りが必要になるはずなのだ。

　事業会社としての中小企業は、設立当初からオープンマインドの経営姿勢を構築しておくことが資金調達に役立つ。同時に、継続企業のベースづくりにつながって来るのである。ここでいうオープンマインドの基本は、ディスクロージャーだ。事業がある程度の基礎固めを終えれば、財務諸表の公開（官報など）も意識していくべきである。この最大のメリットは、中小企業に最も必要な「信頼」を利害関係者全員に示せるということだ。

第2章

資産から資金を調達する
〈アセットファイナンス〉

1 手持資産の処分で資金を捻出する時の 注意点

(1) 資産処分の検討事項

　資金繰りが苦しくなると、手持ち資産を処分するケースが多くなる。ただ、処分する資産については、経営資源としての個別事情をよくチェックした上で検討していくことが必要なのはいうまでもない。この場合に検討されるポイントは、図表2-1のような項目が考えられる。

❖図表2-1❖　資産処分の検討事項

① 決定している経営計画に与える影響度合いを検討しているか。 ② 売却することで、資金繰りにどの程度の影響を与えるか。 ③ 売却しやすいものか。 ④ すぐに売却先が見つかる可能性が高いか。 ⑤ 売却に要するコストが比較的少なくて済むか。 ⑥ 売却時における税務対策は万全か。 ⑦ 売却資産の購入時での判断と現在の存在価値を検討したか。 ⑧ 資産の購入者にとっても十分にメリットが感じられるものか。

それでは、内容を１つずつチェックしていこう。

　①は、売却資産が今後の経営計画の上で主要な経営資源になっていないかどうかということだ。売却しやすく、資金化が図りやすい上、多額の資金を生み出すものであっても、今後の事業の戦略に欠かすことができない資産であるならば、代用がきかない限りは売却にストップをかけなければならない。

　もちろん、現在にとって重要な資源でも、例えば、メーカーから脱皮するために工場を売却するといった、業態変革を行う場合には売却対象となる。

　要するに、今後も経営に不可欠となる資源を、資金化しやすいという理由だけで売却すべきではないということだ。当面の資金対策を優先するあまり、この判断が意外と無視されがちになる。

　②は、資金繰りに与える影響度のことだ。これには２つの考え方がある。

　１つは、生み出す資金量のことであり、もう一方はキャッシュフローの問題だ。資産を売却することで生み出した資金の絶対額が、目の前の資金不足を解消するだけのものなのか、あるいは、１〜２年先までのキャッシュフローに役立つものなのか、という２つの視点が重要になってくる。

　③と④は表裏の関係になるだろう。

　③の売却しやすいかどうかとは、売却側の思い入れにもつながり、それには経営的な判断の他、その資産固有の感情的な要素も含まれている。１号店として出店したが赤字から脱却できない店舗とか、長年親しんできた本社ビルというケースなどが該当する。

　④の売却先が比較的早く見つかるかどうかということは、短期的な資金需要においては非常に重要なポイントだ。売却までの迅速さが今後の資金状況に大きな影響を与えることになるからだ。

⑤と⑥はできるだけ余剰資金を増やすため、売却に関する無駄なコストを削ろうということである。⑤のように、不動産なら仲介料や印紙代、有価証券なら証券会社の手数料などが差し引かれてしまう。

　⑥の税務対策はよりいっそう重要になる。例えば、売却した事業年度が赤字ならば、この赤字幅までの売却益は相殺されるため、法人税等はかからない。

　一方、黒字基調なら、売却損が発生すれば資金化できる上、法人税等も節税となる。つまり、手取り資金を増やすためには、税務対策を考慮した上で売却資産を選択する必要がある。

　⑦は、売却する資産はどのような判断で購入されたものなのかということだ。購入時においては、所有し続けることで将来の担保価値を生み出そうとしていただけなのか、新しい分野に進出するための多角化戦略のベースだったのかなど、購入時の経営判断を再検討し、現在の経営資源としての重要性とのバランスをチェックする必要がある。

　⑧は、③と④に通じる。売却資産を単に資金化するために、誰にでも売却できればよいという考え方ではなく、購入者側にとってもメリットのある資産として、価値の提供につながっているかどうかの検討が必要だということだ。

　これは、企業の営業戦略の根底になくてはならないものだが、当然、商品以外の企業資産の売却においても考えておかなければならない。自社の企業哲学につながるからだ。

(2)　社宅処分で資金をつくる

　売上高50億円の建設工事会社Ａ社がある。建設工事といっても躯体部門を請け負う専門工事会社だが、新しい工法の開発や工事規模

に特化した営業戦略などで増収増益を維持してきた。

　ところが、成長が止まり、設立以来、初めて売上高が前年割れとなってしまった。その上、大手ゼネコンからの資金回収計画が大幅に変更となってしまったのだ。

　今までは4～5カ月の工事期間なら、材料費や外注労務費の支払いに合わせて請求書を発行すれば、資金繰り上の心配はなかった。ところが今後は、6カ月以内の短期の工事部分については、すべて完成した翌月に請求をしてほしいと支払条件が変更になったのだ。

　依頼といっても、これは通告と同義語である。50億円のうち、短期工事部分の受注額はだいたい20％程度、つまり10億円ほどになる。月平均でならすと8,300万円だ。変動費割合が85％なので、月にして7,000万円強の運転資金が不足することになってしまう。

　売上高の増加が期待できない上、別途に運転資金を生み出さなくてはならない。担保枠を考えると金融機関からの借入れは可能だが、金利コストの上昇と返済原資も考慮すると難しい。

　そこで、資産の売却により、この運転資金の調達を試みることとなった。前述した処分できる可能性の高い資産の個別事情をチェックして、ピックアップされたのが社宅である。

　A社は典型的な同族会社で、社歴は30年を超えている。同族以外の生え抜きの役員も生まれており、この役員や永年勤続の社員に対して、低額の賃料で社宅（税法の特例活用）を提供してきた。

　ほとんどの社宅が購入してから20年を超えているため、含み益も発生している。そこで物件ごとに土地の時価を調査し、さらに各役員らに対しては、どのくらいの価格なら社宅の購入に応じてくれるかを問い合わせることとした。

　社宅といってもすべて一軒家で、住宅金融公庫融資の適用も受けられる優良物件ばかりである。会社側の調査した時価と各役員らが

提出してきた希望価格の差はすべてが10％の誤差の範囲内だったため、役員らの希望価格をベースとして売却金額を決定していった。

そこで会社の経理部で住宅金融公庫や金融機関の住宅ローン手続きを代行した。さらに、各役員個人の資金計画を中心としたファイナンシャル・プランニングのシミュレーションも実行することとしたのだ。

確かに、今までは社宅賃料は低額の賃料だったので毎月の負担は増加する。それでも最も値下がりしている時期に長く利用していた社宅が自分のものになることについては、役員らの家族からの反対の声は誰一人として上がらなかった。それぞれの年齢も考慮した将来の生活設計としても当然なのかもしれない。

5人の役員と社員に対する社宅の売買価額は総額で約2億円。担保が1億2,000万円設定されていたので、手取り資金は8,000万円である。社宅全体の売却益は5,000万円だったが、売却事業年度で6,000万円の経常損失が発生していたこともあり、売却に関する課税はまったく発生しなかった。

もちろん、仲介手数料などの売却費用もなく、手取り資金の8,000万円は、ほとんどそのまま運転資金に充当できたのだ。当然、1億2,000万円に対する元金返済や金利負担が減少したため、その後の資金繰りも大きく改善することとなった。

資金化のための資産売却に関しては、ピックアップした資産を個別に、図表2-1のような検討を行うことが望まれる。検討を行う場合は、項目ごとに数値チェックなどを行いながら、それぞれの項目に優先順位を付けていくとよいだろう。図表2-2のようなマトリックス表を作成してチェックしていくと検討しやすくなるはずである。

❖図表2-2❖　資金化のための資産売却チェックシート

資産項目	A	B	C	D	E	・・・
①	◎	△	○	×	○	
②	○	×	×	◎	○	
③	△	×	○	○	△	
④	○	△	×	△	○	
⑤	○	△	×	×	×	
⑥	○	×	×	○	○	
⑦	◎	△	×	×	×	
⑧	○	×	○	○	○	
全体評価	◎	×	×	○	○	

（※）横列は列挙した個別資産。縦列は図表2-1の8つの検討
　　事項である。

2 長期投資コストを見直し、財務体質を改善

(1) B社の現状

　客単価2万円、売上規模2億円を超えていた割烹料理店B社があ
る。現在地の都心部の新築ビル地下1階に移転したおかげで、一気
に売上規模が膨らんだ。新店舗は内装にも手をかけ、調度品もそれ
なりのレベルで統一することができた。

　初期投資コストは2億円近くかかったのだが、来客数は著しく伸
長してきた。ところが、ご多分にもれず、売上が減少に転じてし
まった。来客数、客単価ともに2～3割減になってきたのだ。資金
繰りにも悪影響が及んできたのは当然である。

❖図表2-3❖　B社の損益状況

（単位：万円）

項目	金額	内訳
売上	18,295	客単価18,000円、席数55席
変動費	7,281	変動費率39.8%
限界利益	11,014	限界利益率60.2%
人件費	5,280	330万円/人×16人
施設費	1,872	32,500円/坪×48坪
金利	846	1億8,000万円×平均金利4.7%
減価償却	306	
その他	2,962	
経常利益	▲252	

(2) 店舗賃貸費を削減せよ

そこで、現状の経営環境を見据えた売上規模を設定し、利益率の改善に着手することとなった。まず、現状の変動費率39.8%を36%に改善するために仕入ルートの検証を始め、仕入先の選別、支払条件の変更、調理人の調整力によるコースメニューと一品メニューの区分けなどを徹底することとした。

図表2-4のB社のバランスシートを見ると、異常な過大投資傾向になっていることがわかる。現状では、過大借入金の金利負担率は4.6%を超え、借入金月商倍率に至っては11.8カ月と同業者平均の5.8カ月を大きく上回っていた。

金融機関からの運転資金などの新規融資は難しいため、何とか日々やりくりしているという現状である。したがって、当面の資金繰りを常に意識しなくてはならない。そこで損益・バランスシート両面で異常値となっている施設関連コストの早期見直しを最優先とすることとなった。

❖図表2-4❖　B社のバランスシート（単位：万円）

（I）

借方		貸方	
当座資金	260	買掛金	588
定期性預金	420	未払金等	182
売掛金	1,218	借入金	18,000
在庫	82		
構築物等	8,300	資本金	2,000
差入保証金	9,600	欠損金	▲770
その他	120		
合計	20,000	合計	20,000

（II）

借方		貸方	
当座資金	560	買掛金	588
定期性預金	920	未払金等	182
売掛金	1,218	借入金	14,000
在庫	82		
構築物等	8,300	資本金	2,000
差入保証金	4,800	欠損金	▲770
その他	120		
合計	16,000	合計	16,000

　まず、現状における家賃相場を調査することからスタートした。最近では、適正な賃料を算出するために不動産鑑定士などに依頼するケースも増えている。ただ、この適正な賃料とは、ビルオーナーとテナントの互いの条件が合致した金額のことをいうため、テナント側が一方的に提示する賃料が適正というわけではないことに注意しておかなければならない。

　そのため、不動産賃貸仲介業者3社から、ここ1年で完成した新築テナントビルの坪単価賃料リストを集めることとした。もちろ

ん、店舗が入居しているオフィス街で、ワンフロア面積が比較的類似しているビルをピックアップしていくとともに、近隣ビルのテナント情報も収集していった。交渉が不調に終わった時のことも考慮して、移転をする場合のシミュレーションを準備しておくためである。

　得られた情報を分析すると、新築ビル１階部分の平均坪単価は15,000円、保証金が120万円、一覧表にして比較すると、最も多いケースが15,000円と110万円だった。

　さらに、近隣の築２～６年のビルは空き室が多く、特に１階や地下店舗に人気がないこともわかった。そこで、交渉が決裂した場合の移転予定のビル賃貸料も考慮し、地下１階の割引率20％も加味して、交渉可能数値を坪当たり12,000円とすることと決めたのである。

　移転する場合には、その他の条件も考慮しなくてはならない。１つは、賃貸借契約書の内容だ。この場合にチェックすべき項目は、契約期間と期日、保証金の償却率と償却方法、保証金が返還される期日などである。

　幸いなことに、保証金には利息も付かないが、償却もないことがわかった。ただ、返還時期は解約後６カ月を経過した翌日であり、中途解約の場合には賃料の６カ月分が別途必要になるなど、一時的な費用負担も考慮しておかなければならないことも理解できた。

　大方の賃貸借契約書には、「経済情勢の著しい変動があった時は、２年の経過を待たず賃料の改定ができる」旨の条項が備わっている。これはたいてい、公租公課や諸物価、あるいは近隣土地建物賃料の高騰その他の情勢の変動に基づく諸事情を勘案して、改定は可能だとされているのだ。どちらかというと、ビルオーナー側の条件とされていたのだが、デフレの時代では、まさにテナント側に有利な条件となっているのである。

(3)　値下げ交渉のポイント

　同規模の新築ビルの現状、近隣テナントビルの条件、契約内容の把握といった一連のチェックポイントを整理して、いよいよビルオーナーと交渉に入った。こういった交渉は、あまり駆け引きをしない方が比較的スムーズにいくことが多いだろう。現状をできるだけ具体的に説明し、素直に熱意を持って要望を述べ、テナント側の考え方を提案するといったプロセスがベターだろう。

　３回にわたるビルオーナーとの文書交換の末、家賃は坪当たり12,500円、共益・管理費は坪当たり3,500円、保証金は坪当たり100万円でまとまった。共益・管理費についてはエレベーターの利用も含まれているが、店舗の設計上、表通りから地下店舗に導く階段が別途設置されている。したがって、エレベーターを利用されることはまずあり得ないにもかかわらず、このコストを今まで負担していたため坪当たり1,000円のコストダウンとなったわけだ。

　交渉に当たり、特に訴えたことは、①この地域では知名度もある割烹料理店が出店していることによりビルのイメージアップにつながっている、②来店される客層の質が良い、③今後の事業計画の方向性と経営ポリシーの説明の３点である。さらに、現状では新しいテナントは決まりにくいこと、仮に決定してもビルのイメージを高めるテナントの導入は難しいこと、次のテナントの入居が決まっても賃料は近隣相場に左右されるため相当減少することなどを、①から③の補強材料とした。

　保証金は覚書が締結された翌日に返還されてきた。今までは坪当たり200万円を差し入れていたため、その50％に当たる4,800万円が振り込まれてきたのだ。この保証金には担保は設定されていなかったが、資金繰りとバランスシートの構成から、4,000万円は借入金の

返済に充当し、残りは当面の運転資金と定期性預金に分散した。図表2-4のバランスシート(I)が(II)に変わったのだ。

このケースのポイントは2つある。1つは、長期投資コストを資金化させながら、まったく税負担も損失も発生させていないこと、もう1つは、調査を始めて保証金が返還されるまでに2カ月半しか経過していないため、短期の資金需要に応えられたことだ。

今後の経済・社会・経営環境をフィルターにして、常に自社の所有している経営資源とバランスシートを見直すことがいかに効果的であることがわかるだろう。

3 設備資産の見直しとリースバックの有効活用

中小企業が資金を戦略的にとらえる場合には、2つの考え方がある。1つは、短期的なキャッシュフローに対する戦略であり、もう1つは、長期的な資金戦略だ。短期的なキャッシュフロー対策とは、ここ1～2カ月の範囲で余剰資金を生み出す工夫を実行しないと企業が窮地に追い込まれてしまうための改善策のことである。

この場合の基本的な対策は、短期的な資金はバランスシートから生み出し、長期的な資金計画は損益計算書をベースとした利益計画から立案していくことになる。つまり、バランスシートに計上されている資産や負債の詳細を検証して資金を生み出していくことが、短期的な対策には最も効果的であるということだ。

値下げ交渉による保証金の返還や、社宅を利用者に売却することによる資金化、あるいは、手形債務から金融債務への転換や保険積立金を利用した資金調達などは、まさにバランスシートから資金を生み出しているケースといえる。

⑴ 設備資産を資金化する

　建築資材を扱っているＣ社がある。売上規模20億円、資本金3,000万円、従業員40人の典型的な同族会社といえるだろう。

　社歴は20年近くあるが、最近は、物流コストの上昇によって限界利益率が落ち込み、人件費の増加によって固定費負担が膨らみ、損益分岐点を下げるのが困難な状況になっている。なかでも30台の車両を保有しているだけに、車両の減価償却費や維持管理費の負担が重くなっており、今後の資金改善における見直し分野の１つとされていた。

　財務バランスの改善と金利負担の減少を中心にした短期計画通り、駐車場として賃貸している遊休地の売却を行うこととなった。将来は、賃貸マンションを建設し、残りを新しい不動産ビジネスに活用しようと考えていた土地だったが、現状では採算ベースに乗らず、最も有効な活用方法は売却して借入債務を減少させることにした。買い手も決まり、いざ決済となってから金融機関からクレームがついてしまった。

　土地の購入資金は１億5,000万円。全額金融機関からの融資で資金調達したものだ。今回の売却価額は１億2,000万円である。地価の下落の影響を受けているため、担保を外すためには、"別担"の提供が必要だと言い出してきたのだ。

　すでに借入金も2,000万円ほど返済しているため、実際の不足分は1,000万円強だが、キャッシュフローが苦しい時期に運転資金から賄うのは大変だ。そこで、バランスシートから資金化すべき経営資源として車両がピックアップされた。

　景気回復が遅れ、企業の資金調達環境が厳しくなっているだけに、様々な資金化戦略が採られ出している。車両を多数所有してい

る企業の資金調達手段で使われるリースバック方式もそのうちの1つだ。C社の採った車両のリース化による資金戦略もまったく同じ手法といえる。

　リースバック方式とは、企業の所有する社有車をリース会社に売却し、改めてその車両をリース会社より借り受けることをいう。中古資産のリースバックは、ファイナンスリースについては税法上問題とされる。ただ、C社が利用したメンテナンスリース契約は、通常の取引形態で、金融取引とはみなされない。

　そのため、リース会社に社有車両を売却する時の金額は、車両の帳簿価格又は査定価格が評価の対象となるのだ。一般的には、企業側に売却益や売却損が発生しても大きなメリットはないため、だいたい帳簿価格で売却されている。

❖図表2-5❖　リースバック方式のメリットとデメリット

メリット	①	早急に資金化を図ることができる。
	②	財務体質の改善に役立つ。
	③	今後の資金管理がしやすくなる（一定コストのため）。
	④	所有車両はそのまま継続して使用できる。
	⑤	車両管理業務が一気に削減できる（コストダウン）。
	⑥	不慮の事故などの対応にも備えられる。
デメリット	①	リース料負担が増加する。
	②	リースバック車両がリースアップして新車に更新するたびに、全車両の1台当たり平均リース料が上昇する。
	③	売買となるため、自動車取得税（取得価額が50万円以上）や消費税の対象となってしまう。

(2) メンテナンス費用を節約

　C社の車両所有台数30台のうち３台はローンが付いていたため、所有権がC社になっていないことがわかった。したがって、残りの27台をリースバックすることとした。１台当たりの平均帳簿価格は78万円だったため、売却価格は2,106万円だ。

　メンテナンスリースのため、リース料は月額約108万円。その結果、リースの初回分と２回分の合計216万円を差し引いた1,890万円がリース会社よりC社に振り込まれることになった。

　メンテナンスリース契約にすると、企業側から見ると車両維持に関するコストがほとんどかからなくなる。指定メンテナンス工場での整備コストはすべてリース料に含まれているからだ。

　要するに、ガソリン代や高速料金、駐車料金といった移動のためのコストと、運転者の重大な過失によるコスト以外には、今後は車両関連費用はかからないということになるわけだ。

　リース料は、図表２-６のような直接コストと間接コストで算定される。

　リース会社が車両を所有することによって、規模のメリットが図られ、結果として、直接・間接コストとも圧縮できることになった。

❖図表２-６❖　リース料の構成要素

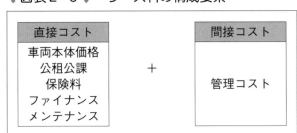

例えば、直接コストなら車両購入窓口の多様化、タイヤ・バッテリー等の購入窓口の多様化、再販窓口の多様化など、規模による値引き交渉、あるいは全国統一料金によるメンテナンス等のコストダウンを図ることができる。管理コストも、コンピューターによる大量処理で車両維持のための人件費の圧縮につながる。

　したがって、ファイナンス契約によって単純に固定費負担が増加するわけではないのだ。特に古い車両はメンテナンスリースに変更することで、定期的に点検が受けられ、安心して使用できるというメリットも発生する。

　リース料のベースになる車両はすでに使用されている車両のため、見積もり耐用年数を求める。見積もり耐用年数は、

法定耐用年数 －（経過耐用年数 × 80％）

という算式で求められ、中古車両のリース期間は、見積もり耐用年数の70％を下限とし、見積もり耐用年数の120％を上限とする範囲で設定されるわけだ。

　リースバック方式は申し込んでから３週間以内に資金化が可能だ。社歴があり（つまり信用力がある）、かつ、車両維持コストの経営改善を図りたい企業にとって、一時的資金不足に対応するには、このリースバック方式は最適といえる。

　Ｃ社も振り込まれた資金の一部で借入金を全額返済し、今後のキャッシュフローが比較的楽になった。さらに、これまで車両管理を兼任していた経理部の人材を、経営改善の実行担当者に専任させることもできたのだ。

Ⅱ 資産から資金を生む 15の方法

1 資産を資金化する４つの手順を知る

(1) 本当に必要な資産か

　貸借対照表の借方（左側）に計上されている資産や債権のほとんどは「資金が寝ている状態にある」という自覚がない経営者が多い。資金を資産として寝かせているために、新たな資金調達が必要になるのである。したがって、資産や債権を見直す際に必要なことは、まず、自社は何のために資産を所有しているのかを再確認することから始めなければならない。

　もちろん、経営者は適当に資産を購入したり、何かに投資しているわけではない。熟考に熟考を重ね、その結果として購入や投資の判断をしているはずである。要するに、適切な経営を行っている会社には無駄な資産や投資はまったくないというのが原則といってもよいだろう。

　ところが、中小企業の再建や経営改善の現場に足を踏み入れてみると驚くことが多々ある。その理由を簡単にまとめてみると次の５点に絞ることができる。

① その時期（つまり決断した時点）においては、最善の決断であったと考えていたが、効果がなかったにもかかわらずそのまま所有し続けている。
② 同業者や知人などに勧められて購入や投資を行ったが、とりあえずそのままの状態を保っている。
③ 当時はタイミング的にも見事な購入や投資だったが、時代とともにマイナスが生じているが、損をしたくないため所有している。
④ 時代の変革期に移行することによって購入や投資の価値が減少してしまったが、そのまま維持している。
⑤ そもそもあまり熟考しなかった結果、無用の長物を購入・投資してしまったので、そのうち何か活用できるだろうと考えて所有し続けている。

　会社のバランスシート上の資産は、すべて何らかの役割を果たしていることにより価値が生じる。何らかの役割とは、会社の収益への貢献度のことだ。これが、総資産経常利益率（ROA）が重視されるゆえんでもある。

　ところが、時代の変革期においては、そのものの存在価値はさほど変わらないものの、自社の必要性から見た価値が下がり、その結果、価格において変動が激しい資産がある。含み損になっているということだ。

　これらを思い切って整理することは、家庭における整理整頓とまったく同じことである。整理とは「必要なものと不必要なものを分類すること」、整頓とは「必要な時にすぐに活用できるように配置すること」である。資産や債権の検証は、まさに企業のバランスシー

トの整理や整頓をすることなのだ。

　したがって、単に資金を生み出すということだけではなく、会社の現状と未来のあり方を見直すことにつながるという意識が重要である。これが企業の収益力を検証する ROA の数値を高めるとともに、資金を生み出す結果にもなるのだ。

(2)　資産の整理・整頓の仕方

　そこで具体的な整理や整頓の手順をまとめてみよう。

　資産や債権（以下「資産等」という）の整理整頓とは、バランスシートの左側（借方）にある資産等を早期に資金化（現金化）するということである。資産（アセット）等を見直して資金化することからアセットファイナンスとも呼ばれている。基本的には、アセットの現在価値に着目して資金化を図る考え方といってもよいだろう。

　そのポイントには4つの考え方がある。内容を順に追って説明していこう。すぐに実行に移すなら自社のバランスシートを手元に置いてチェックしながら読んでいくとわかりやすくなる。

①　無駄・遊休・不良・不明資産の資金化

　バランスシートの左側にある流動資産や固定資産を熟視してほしい。全体像は財務比率を分析することから把握できる。さらに、決算書の脚注には、各項目が詳細に記載されている。こうした明細から個別の項目についての分析が可能になってくるはずだ。

　現在の企業経営に役立っていない資産等はないだろうか。まず資産全体の棚卸を行うことが資金を生む第一歩となる。ほとんど利用されていないゴルフ会員権やすでに取引されていない企業の株式、活用していない別荘地などの福利厚生施設といった遺物が、社歴の永い中小企業ほど溢れている。

ほとんどが売っても損になるから現状のままで置き去りにされている。しかし、期間が経れば経るほど含み損失は膨らんできたはずだ。早期の処分を行うことで資金を生むだけではなく、経営体質の改善にもつながってくることになる。

②　適正な債権管理や資産管理による資金化

例えば、旧式タイプの在庫や売れ残りの在庫、季節変動の激しい在庫などは「損をするから売らない」ではなく、「資金化するために売る」という発想が重要である。所有し続けることにより発生する管理コストや、変化の激しい時代背景など、見えざるコストを意識した戦略を立てていかなければならない。

売掛債権などは売掛債権年齢表などからチェックし、取引条件を見直したり、ケースによっては回収の遅れている債権は分割して回収していく交渉などを行っていくこととなる。特に、新型コロナウイルス感染症後における取引については、従来にも増して取引先のチェックが必要になってくるだろう。

加入時には必要だった保険契約も、現状においてはまったく不必要になっているケースもよくある。つまり、「何のために」保険に加入したのかといった「何のため」という理由が、現在では消滅しているといったようなケースだ。

いずれにしても、「現在にとって適正な債権や資産」であるかをもう一度、しっかり見直すことで資金を生み出そうとすることが重要である。「過去においての適正」ではなく、「現在にとって適正」を考える場合には、未来をベースにして考えるしかないだろう。

③　必要資産のセール＆リースバック方式による資金化

無駄な資産の処分や適正な債権・資産管理を行うと、現在以降の

未来の会社経営にとって必要な債権や資産だけが残ってくるはずだ。こうした、今後も必要な資産を外部に売却して再度リースバックを受ける方法がある。

例えば、自動車教習所や運送会社が所有している車両を帳簿価格で売却して資金化するとともに、再度その車両をリースバックしてもらうことなどは、オーソドックスなパターンである。店舗全体をパッケージリースすることも、工場や機械、さらには内装設備も同様の手法で行うことも可能だ。

本社ビルのリースバックだけではなく、売掛債権のファクタリングや差入保証金の家賃化(流動化)なども一種のリースバックによるアウトソース化といってもよいだろう。

④ 債権・資産の証券化による資金化

SPC(特別目的会社)などによる不動産の証券化や売掛債権や診療報酬債権、あるいは、著作権や開発権などの証券化は日常的になり出している。

その理由は、資金調達以外に資産の圧縮(オフバランス)による総資産経常利益率(ROA)の向上や金利の上昇リスク、あるいは不動産の下落リスクを考えているためだ。

ただ、スキームコストが発生するため、大口資金の調達以外では使いづらい手法でもある。

(3) 不動産以外の担保価値を知る

こうした資産の整理整頓以外に、アセットの現在価値を担保価値ととらえることで新たな資金調達も可能になる。つまり、資産や債権を処分してオフバランスをするのではなく、アセットを担保として金融機関などから資金を調達するということだ。

不動産担保とはまさにこのことである。20世紀の社会は、人口の激増によって不動産の需要が増加したことで土地価値が高まり、価格に反映されてきた。したがって、売却して資金化するより所有したまま現在の価値に見合った融資を受けた方が、将来的には利益を生むことができたのだ。20世紀は土地の含み益に依存した経営が成り立った時代だったわけだ。

　ところが、21世紀は人口の減少とともに土地の価格も減少していく。そうすると、金融機関は不動産以外のアセットを担保として融資していく新しい戦略を考えなければならない。新しい担保は、バランスシートのほとんどの資産や債権が対象になってくるはずだ。

　例えば、動産担保融資（ABL）などによって倉庫に積まれている原材料や製品なども担保対象になってきた。動産担保融資とは、企業の所有する在庫などの動産（不動産以外の財物）を担保にした融資制度だ。

　今後は、金融機関としても在庫を適正に評価できることで、中小企業の経営の現状を理解し、審査能力を高めることができることにつながってくる。

　また、担保目的で金融機関に売掛債権を売却して、その掛け目に応じた極度額を設定することもできる。自社の登記簿には債権譲渡の旨が記載されるが、担保としての債権売却のため、売掛先からの代金回収口座は自社のままになる。

　保険料積立金を活用した契約者貸付制度の活用なども（実態はデットファイナンスだが）アセットを活用したファイナンスの一形態ともいえるだろう。

2 社内休眠資金を発掘する

(1) 社内にある資金源を見つける

　アセットファイナンスとは、バランスシートの資産項目（流動資産、固定資産、その他）を早期に資金化する方法である。会社に存在する無駄な経営資源を資金化するのがメインだが、債権や不動産の流動化や証券化という手法も着実に広がりつつある。

　アセットファイナンスの初歩的な手法としては、"社内休眠資金"の発掘があげられる。

　"社内休眠資金"の発掘とは、社内で遊んでいる資産を見つける方法のことだ。"社内休眠資金"の発掘は、当面の資金不足対策ともいえるが、ROA（総資産経常利益率）の向上という経営資源の活性化戦略の１つでもある。

　具体的には、

```
①　売掛・未収債権の圧縮
②　在庫の処分・圧縮
③　有価証券・固定資産の売却
④　保険料積立金の見直し
⑤　差入保証金の見直し（家賃などの削減）
```

などが最もオーソドックスな方法といえるだろう。

(2) 売掛債権や在庫の圧縮法

　売掛金（売掛債権）は、いうまでもなく、得意先との通常の取引

に基づいて生じた営業上の未収金だ。これを圧縮することで資金を生み出すことができる。それには、

① 売掛金を早期に回収する。
② 受取手形のサイトを短縮する。
③ 売掛期間を短縮する。
④ ファクタリング（ファクタリング会社が売掛債権を買い取って管理・回収すること）を活用する。
⑤ 売掛債権を証券化する。

などの方法がある。

一方、在庫の処分・圧縮も資金化への有効な方法の1つだ。在庫の処分・圧縮は、

① 眠っている製品・商品・原材料・貯蔵品といった在庫を安値で処分する。
② 在庫管理により仕入れを抑制する。
③ リードタイムを短縮する。

といった方法がある。無駄な在庫、不良品の検証、過大在庫を見直して、資金化を図るということだ。

これは倉庫料などの固定費の節約につながるという副次メリットにもつながる。ただし、過度な圧縮は売上の機会損失を招くことにもなるので、注意しなければならない。

製造業では、原材料の調達から製品を完成させるまでの時間がか

かればかかるほど、投下資金の額が大きくなり資金繰りを圧迫する。そのため、調達から販売に至るまでのリードタイムを短縮し、不要な在庫を減らすことが望まれる。

「在庫はお金が寝ている姿」といわれるように、適正在庫を維持できれば、余裕資金を作り出すことが可能となるのだ。

❖図表2-7❖　資産圧縮の考え方

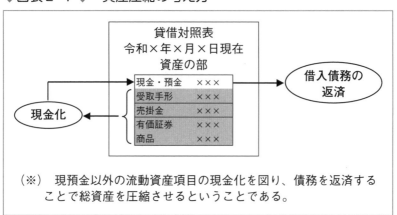

（※）　現預金以外の流動資産項目の現金化を図り、債務を返済することで総資産を圧縮させるということである。

(3)　個別事情で考える資産の売却

流動資産の圧縮だけではなく、投資有価証券や固定資産など、保有資産を売却して資金を作り出すのも有効な方法だ。これらは、換金化が容易なため、速やかに売却代金から若干の手数料を引いた金額を調達することができる。

株式は、上場株式ではなくても換金処分することが可能だ。相互に企業の株式を保有し合っている場合には、換金が難しいかもしれないが、それでも、相手方との交渉次第では、適当な引受先を斡旋してもらえる可能性もある。もちろん、経営者個人が保有し合って

いる企業の株式を購入してもよいだろう。

　固定資産の売却については、不要不急の土地などがまず対象となる。現在、稼働している工場などでも、不採算部門であれば、閉鎖して売却することが考えられる。ただし、土地などの売却に際しては、調達金額は大きいものの、次の点を考慮しておく必要がある。

---

① 　土地の譲渡益などに対する法人税等の負担などをキャッシュアウトに組み込んでおく。
② 　借入金の担保に提供している資産を売却する時は、それに先立って借入金を返済しなければならないため、一部の内入れでよいかどうかなどを事前に金融機関と協議しておく必要がある。
③ 　売却しても資金が回収できるまでに若干の時間がかかることを予定しておく。

　こうした保有資産の売却は、経営資源としての個別事情をよくチェックした上で検討していくことが重要だ。売却資産が今後の自社の経営計画上、主要な経営資源になっていないかどうかを判断するということである。

　つまり、売却しやすく資金化が図りやすい上、多額の資金を生み出すものであっても、今後の経営戦略に欠かすことができない資産であるなら、代用がきかない限りは売却を簡単に認めるわけにはいかない。

(4)　経営資源の洗い出しによる資金調達法

　不動産価格が大幅に下落したにもかかわらず、バブル期に賃借し

た店舗で経営を続けている飲食店や小売店などが数多く存在している。高い保証金を差し入れ、高い家賃を払い続けているのだ。

こうした経営資源を見直していく部署が社内にない中小企業では、店舗にかかる高コスト体質で経営が圧迫されているのに気が付いていない。

バブル崩壊後に、筆者が再建をお手伝いさせていただいた飲食店はいくつかあるが、最も高いケースでは、保証金が1億円、家賃が月額100万円だった。現状の相場は保証金3,000万円、家賃30万円だ。

そこで、裏付け資料を詳細に作成し、さらに、この店舗が退去した場合に新しい店舗を導入する難しさなどを文書でまとめることで、保証金6,000万円の返還を受けるとともに、家賃も月額70万円カットすることが可能となった。

返還を受けた6,000万円のうち、5,000万円を借入金の返済に充当し、残りを運転資金として活用することができたのだ。こうした保証金に限らず企業の持つ経営資源全体を現状に落とし込んでしっかりと見直すことで、金融機関から新たに借入れすることなく資金を生み出すことも可能なのである。

3 使わない資産を資金化する

(1) 資産処分するとなぜ純資産比率はアップするのか

　財務分析で重要な比率の1つに純資産（自己資本）比率がある。純資産比率とは、図表2-8のように、会社が所有する資産を純資産（自己資本）でどのくらい賄っているかを示す数値だ。つまり、返済義務のない純資産の割合がどれだけ高いかをみることで、企業の安全性の高さを検証するものである。

　新型コロナウイルス感染症による企業経営の悪化に対しても、この純資産比率は大きなポイントになっている。

❖図表2-8❖　一般的なバランスシートの概要

資産（A）	負債（D）
	資本（純資産）（E）
合計	合計

純資産比率 ＝ (E) ÷ (D＋E) ×100

　現物出資による場合を除いて、会社設立時におけるバランスシートを見ると純資産比率は100％だ。その後、会社は商品を購入したり、工場を建てたりして事業を展開していく。

　そのためには、純資産だけでは資金を調達できず、長期投資用として金融機関より借入金を調達したり、取引先との間で買掛金や未払債務など、信用取引を増やしていく。そうすると、どんどん純資産比率100％から離れていってしまうのだ。

会社の存在性を危うくする可能性の1つが、「資産の増加に伴って返済しなければならない負債を増やしている」ことである。

　そのため、増加した資産は会社にとって明確な投資効果が生じていなければならない。20世紀の土地のように所有しているだけで価値が上がる資産は今後あり得ないのだ。そのため、使われない手持ち資産は損をしても売るという判断が重要になっている。

(2)　資産の処分方法には原則がある

　ただ、資産をやみくもに処分してもよいというわけではない。そのためには、資産処分の検討事項を押さえておくべきだ。検討事項には図表2-9のような項目が考えられる。

　会社にとって不必要な資産項目には、本社ビル、滞留在庫、有効に活用されていない土地や建物、役員や社員の社宅、投資用有価証券、関係会社や関係者貸付金、利用していない特許権やゴルフ会員権などがある。

❖図表2-9❖　資産処分の検討すべき重要事項

```
①　経営計画に与える影響度
②　資金繰りへの効果度合い
③　処分の難易度
④　総合的な税務判断
⑤　処分後の財務分析
```

　ただ、基本は今後も経営資源として価値のある資産を、資金化しやすいという理由だけで売却してはならない。資金対策を優先するあまり、こうした判断が無視されがちになる。

⑶ 資産処分の難易度にみる４つの視点

　資産処分を考える場合には４つのキーポイントがある。簡単にまとめてみよう。

①　思い入れの強い資産（感情面）

　会社側の思い入れや思い込みなど、感情面の影響は少なくない。最初に出店した店舗とか、先代経営者らが建てた工場、思い入れのある動産や不動産などが該当する。

②　担保付きの資産（ひも付き）

　処分する資産にひも付きになっている借入金などの負債があるケースだ。そのためには、債権者である担保権者等との交渉が必要になる。

③　売却完了までの時間がかかる資産（時間差）

　資産そのものの処分の難易度であり、売却先が比較的早く見つかるかどうかは、短期的な資金需要においては大きなポイントになる。売却までの時間の早さは処分価額に匹敵するぐらい重要といえる。

④　売却コストのかかる資産（コスト）

　処分のためのコストチェックだ。より多くの資金を生み出そうとするのだから、資産を処分することによるコストも考慮しておかなければならない。不動産なら仲介料や印紙税、有価証券なら証券会社の手数料などを考えておく必要がある。

(4) 税務の視点も理解する

　税務判断も重要だ。税務判断を考える場合には、売却年度におけ
る事業が黒字か赤字かで異なってくる。事業が黒字なら売却損が見
込まれても、この売却損は税金が一部をカバーしてくれる。資産が
資金化できた上、法人税なども節税になるのだから二重の資金化に
つながる。個人事業なら特に重要な視点になる。

　図表2-10に税務判断マトリックスをまとめた。資産処分による
ケースは(B)(C)(D)が該当する。しかし(D)の場合は、売却後の事業計画
がより重要となる。

　また、個人の所有する不動産のように所有期間が長期所有か短期
所有かで税率の違いが発生し、誰に売るかによっても特別控除制度

❖図表2-10❖　資産を処分して資金化する場合の
　　　　　　　税務判断マトリックス

<table>
<tr><td colspan="2" rowspan="2">事業年度

売却資産</td><td colspan="2">今期の事業損益</td></tr>
<tr><td>黒字（事業利益）</td><td>赤字（事業欠損）</td></tr>
<tr><td rowspan="4">売却資産の売却損益</td><td rowspan="2">黒字（売却益）</td><td>(A)
資金ショートが著しいケース以外は、売却しない方がよい。</td><td>(C)
事業年度が赤字のため、売却益に対しての課税が減少、もしくは0となる。</td></tr>
<tr><td></td><td></td></tr>
<tr><td rowspan="2">赤字（売却損）</td><td>(B)
事業年度が黒字のため、売却損を計上することで当期の課税が減少、もしくは0となる。</td><td>(D)
資産売却によって資金効率を高めて将来の利益計画を明確にしながら、10年間の繰越欠損金を活かす。</td></tr>
<tr><td></td><td></td></tr>
</table>

などが使えるケースが生じる。売却スケジュールとメリット・デメリットについて、事前にしっかり調べておく必要がある。

(5)　見えない資産はないか

　資産処分後の自社の財務構造がどう変化するかも検討する。

　生み出した資金が債務の支払いに回ると総資産が減少するとともに負債が減少するため、純資産（自己資本）比率は向上する。金利のかかる借入金のような負債が減少すれば、利益も上昇する。収益を生み出さない上、維持費の必要な資産を処分することで利益アップにもなるのだ。

　最近はCRE戦略という用語がよく使われている。CRE戦略とは、企業の所有する不動産（Corporate Real Estate）を戦略的に活用することで収益力を向上させようということである。

　この戦略の1つに、会社が所有する不動産に優先順位を付けることで不必要な不動産を早期に処分して、借入債務などを返済してしまうという方法がある。つまり、ROA（Return On Asset）の向上のために、分母である資産を減少させることで比率をアップしようというわけだ。一種の減量経営でもあるが、企業価値の1つである効率経営にもつながっている。

　この他に見えない資産の処分がある。営業権や特許権だけではなく、その会社特有の価値が見込まれるものだ。会社の構築してきた営業網の一部や店舗の営業権、あるいは、製品開発権のようなもの――つまり、無形固定資産――がないかをチェックしておくことも必要だろう。

　映画配給会社の松竹では、寅さんの『男はつらいよ』シリーズの放映権を地上波TVに譲渡して20億円を調達した。バランスシートにない資産から資金を生み出した一例である。

4 売掛債権を期日前に回収（ファクタリング）する

(1) ファクタリングとは期限前の債権買取り

　売掛債権とは、売掛金や受取手形などのことをいう。商品を販売したりサービスを提供して売上が発生したが、まだ資金が回収されていない状態のことである。

　ところが、この売掛債権を回収日まで放置せず、早めに資金を回収することができる方法がある。これがファクタリングと呼ばれる回収方法だ。

　ファクタリングを直訳すると「債権買取り」になる。ファクタリング会社に売掛債権を譲渡することで、その債権の回収期限より前に資金化してしまうということだ。

　図表2-11にファクタリングによる資金調達の流れをまとめてあるが、解説すると、次の①～④のようになる。

---

　① 債権者（B社）はファクタリング業者（A社）と債権譲渡契約を締結する。

　② B社から債務者（C社）に①の契約の通知をし、それに対する承諾をC社より得る。

　③ ファクタリング業者（A社）は売掛債権の期限前に債権者（B社）に資金を支払う（B社資金獲得）。

　④ 債務者（C社）は売掛債権支払期限にファクタリング業者（A社）へその額を支払う（C社支払い）。

❖図表2-11❖　ファクタリングによる資金調達の流れ

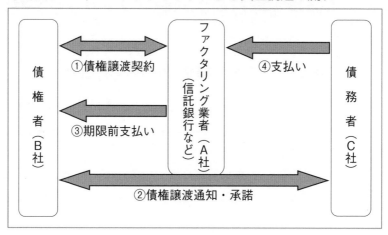

(2)　ファクタリングのメリット・デメリット

　資金回収を早めるために売掛債権を譲渡すると経営上はどのような影響が発生するのだろうか。ファクタリングのメリットとデメリットを簡単にまとめてみよう。

　メリットには次の3つが考えられる。

　1つは、「キャッシュフローの改善」である。売掛債権の期間が短くなるため資金繰りの状態が改善され、売掛債権回転率も上昇するということだ。資金調達としてファクタリングを考えているため、最大の目的ともいえる。

　2つ目は「貸倒リスクの軽減」である。債権を早めに譲渡するため、得意先の倒産によるリスクがなくなる。簡単にいうと、貸倒リスクをファクタリング会社へシフトしたことにより、債権が消滅するというわけだ。これが手形の割引や裏書による資金調達とは異なる点といえるだろう。

「オフバランス効果」が３つ目のメリットだ。売掛金を早めに資金化して、その資金で債務を支払うことができる。したがって、貸借対照表の上では債権と債務が消滅するため、オフバランス効果が生じる。

逆に、この仕組みを利用することで、２つのデメリットも生じるため、注意しておく必要がある。

１つは「コストアップになる」ことだ。早目に回収する上、貸倒リスクを負うのがファクタリング会社になる。そのために、回収リスクの負担と回収代行手数料がかかる。

もう１つは、ファクタリング会社と債権譲渡契約書を締結するだけでなく、得意先にも承諾を得なければならない。つまり、「手続き面が煩雑」になってしまうのだ。

(3)　債権譲渡における登記上のチェックポイント

債権を譲渡するためには、図表２-12のような登記上のポイントをよく検証しておく必要がある。

登記上で気を付けておかなければならないポイントには２つある。

１つは、債権は譲り渡すことができるが、当事者である債務者が反対をした場合には適用ができなくなる（民法466条）。

もう一点は、指名債権の譲渡における対抗要件は、通知・承諾のいずれも確定日付のある証書でなければならない、という点である。ここでいう確定日付の証書とは、公証人による私署証書への確定日付の付与や内容証明郵便などのことを指している（民法467条）。

❖図表2-12❖　債権譲渡登記のポイント

項　　目	内　　容
対　　象	法人が行う指名債権（金銭債権）の譲渡
効　　果	債務者以外の第三者に対する対抗要件の具備 ※債務者に対しての対抗要件には登記事項証明書の交付を伴う通知も必要。
申請方法	譲渡人、譲受人との共同申請
登記日時	登記事項証明書には登記された年月日・時刻が記載される。 ※同一内容である場合には、先にされたものが優先される。
取扱法務局	東京法務局民事行政部債権登録課
登録免許税	1件につき 　　債権の個数が5,000個以下　7,500円（※） 　　債権の個数が5,000個超　　15,000円 （※）租税特別措置法84条の4により軽減された額。

(4)　ケーススタディで考える

　債務者以外の第三者に対抗するためには、確定日付のある証書が必要となる。

　例えば、債権譲渡登記ファイルに記録されると、第三者対抗要件が備わる。しかし、この登記ができるのは譲渡人（債権者）が法人の場合だけのため、個人相手の場合はできないことに気を付けておく必要がある。

　そこで、B社（譲渡人）からA社（譲受人）へB社のC社売掛金を売却するケースを考えてみよう。

　民法の原則では、B社はC社に対する売掛債務をA社に売却する

場合には、C社に内容証明郵便で通知しておく必要がある。

　しかし、債権譲渡登記制度を利用すると、B社とA社との間で共同申請をして債権譲渡の登記が実行されると、C社以外の第三者に対して通知があったものとみなされ、第三者対抗要件を備えることができることとなる。

　B社又はA社がC社に対して「債権譲渡の事実」を主張するためには、上記登記だけではなく、「C社に登記事項証明書を添付し通知」を行うか、もしくは、「C社の承諾」を得なくてはならない。この通知等を行うと、ファクタリング会社であるA社はC社へ直接、資金回収の請求をすることもできるようになる。

　ファクタリングシステムも上手に活用すれば、早期に資金を回収することができることとなるため、手慣れておくことも必要といえるだろう。

Column　**中小企業の無形資産が資金を生む**

　政府は、中小企業の技術や顧客基盤等の無形資産を事業価値として評価して資金調達を行う場合に担保として認める新制度を検討している。

　金融庁は2020年11月に民法の担保制度に関する研究会を立ち上げ、法務省とともに法改正（2021年）を視野に入れている。

　こうした新しい取組みでは、不動産等の個別資産ではなく将来にわたって中小企業が稼ぎ出す力を評価される。そのため、中小企業が強みとしている技術、ノウハウ、取引網、特許等を含む事業全体の価値を担保にすることが想定され、資金調達の選択肢が増えると期待される。

5 売掛債権を期日前に回収（AI 活用）する

◆ AI の活用による債権回収の仕組み

　急速に成長している企業は、売掛金の回収までの期間は資金不足に陥ってしまう。これが増加運転資金対策である。

　現状では、日本国内の売掛金は220兆円を超えている（2019年度法人企業統計調査）。この売掛金を担保に取る場合は、売掛債権の担保価値を常にチェックしておかなければならないため、金融機関は過去においては積極的な融資を行ってこなかった。

　そこで2020年に、保険を使って企業の資金を調達する方法が誕生した。保険会社が売掛債権の管理コストとリスクの両方を引き受けるという手法である。

　図表2-13のように、まず保険会社が売掛金リスクを AI（人工知能）で判定して、融資可能額を算出する。金融機関はこの可能額の範囲で融資を実行するが、売掛先が支払不能になり企業が借入金を返済できなくなった場合は、保険会社が金融機関に保険金を支払うという仕組みである。

　損保ジャパン（保険会社）とトランザックス（電子債権）、及び電算システム（収納代行）の3社が開発したが、ポイントは、電子債権により複数の売掛金をまとめて担保にできるため、回収した売掛金は金融機関に直接入るという点である。金融機関は担保とされる売掛金が流用されるリスクが減少するわけだ。

　特に成長軌道に乗り出した中小企業にとっては今後は使いやすくなるはずである。

❖図表2-13❖　AI活用による債権回収の仕組み

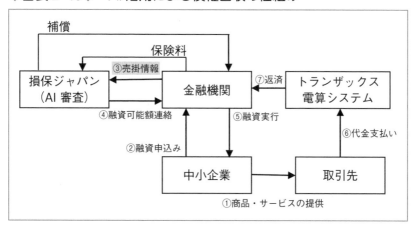

Column　CCCとは何か？

　新型コロナウイルス感染症の影響によって、様々な業種の企業が財務に関する大きな痛手を被ることとなった。この時によく使われていた言葉に「CCC」がある。

　CCCとは、Cash Conversion Cycle の頭文字を取った略語で、簡単にいうと、資金効率の検証指標である。つまり、企業が原材料や商品などの仕入れなどに資金を投入してから最終的に現金化されるまでの日数のことだ。短ければ短いほど資金効率は良いということである。売掛債権回転期間が短いほど資金回収が早くなる。

6 適正在庫の把握と在庫処分の方法を知る

(1) 適正在庫の5つのポイント

　在庫は何も考えていないと過剰在庫になっていくのが常である。そのため、適正な在庫を把握しておかなければならない。この場合の適正な在庫には次のような5つのポイントがある。

---

①　適品…必要な材料や製品・商品がある。
②　適量…必要なだけの量が存在する。
③　適所…必要な場所にある。
④　適価…希望する価格である。
⑤　適時…必要な時に必ずある。

　この場合の5つのポイントは、基本的には営業面からの「適正」である。営業面からは在庫を多く持つ4つのメリットがある。

---

①　販売機会の損失を防ぐことができる（チャンスコスト）。
②　緊急な納品の要請にも対応できる。
③　ロットが大きくなるため、仕入コストの引き下げにつながる。
④　品揃えを豊富に持つことで、営業的な広がりが出る。

　つまり、顧客側にとっても営業側にとってもメリットが多いといえるだろう。

ただ、在庫とは現金が形を変えたものである。したがって、在庫などが破損したり、不良化したり、陳腐化することは現金が減少したのと同様のことになる。そのため、適正在庫の把握は資金戦略上は有用な位置付けととらえておかなければならない。

(2)　過剰在庫を減らして資金調達

過剰在庫になると、経営上どういう問題が生じるのだろうか。

過剰な在庫は、同時にその在庫に係る債務も増加し、負債も多くなる。その結果、債務の返済資金が必要となってしまう。過剰在庫をなくすことは資金調達と同じ意味を持っているのだ。

営業面から見ると、在庫が少なすぎると欠品になってしまう。したがって、本来売れたはずなのに欠品のため売ることができないといったミスは犯したくない。つまり、機会損失を作りたくない。そのため、少しくらいの過剰在庫は仕方がないと考えがちになる。

しかし、発注・納品のサイトや過去の実績管理などから適正在庫を把握することは可能だ。過剰在庫をできるだけ少なくすることは資金調達の側面だけではなく、次のような財務面のメリットが生まれ、同時に、業務面のデメリットの改善にもつながってくる。

【財務面のメリット】
①　キャッシュフローが向上する。
②　在庫回転率や交差比率がよくなる。
③　ROA などの経営指標が改善される（総資産の減少）。

【業務面のデメリットの改善】

① 在庫の保管スペースが広がり、保管コストの改善

② 在庫管理に関する人件費コストの改善

③ 過剰在庫分に見合う債務に係る金利コストアップの改善

④ 在庫品の消耗や減耗などによる品質の悪化（在庫ロスの増加）の改善

⑤ 管理ミスなどによる商品の消滅の改善

⑥ 倉庫・工場作業の能率低下の改善

⑦ 営業努力の低下の改善

(3)　在庫処分の考え方

　過大な在庫を減少させる方法には様々なケースが考えられる。在庫の削減で資金を調達するという切り口から見ると、いかに効果的に在庫を取り扱うかということだ。

　例えば、重要顧客に過剰になっている在庫商品などを寄贈することや新規開拓の計画をしている相手に販促品として提供することなどは、一種の在庫の資金化である。要するに、販促品に資金を使うのではなく、在庫を活用すれば過剰在庫が資金の役割を果たすということだ。単に在庫を削減するのではなく、在庫を資金として活用する方法を複数案計画していくことも在庫の資金化戦略の1つといえるだろう。

7 在庫のままで資金を生む

(1) 在庫から資金を生み出す仕組み

　不動産を所有していない中小企業でも担保として活用できる資産はある。企業の事業価値を構成する在庫などの原材料や商品、あるいは、売掛債権などだ。

　こうした在庫や債権、あるいは機械などの動産を担保として金融機関から資金を調達することができる。このような事業収益資産を活用する仕組みのことを ABL（Asset Based Lending）という。

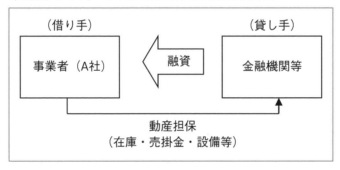

❖図表2-14❖　ABL による資金調達の流れ

　担保に提供すると所有権は貸し手に移るが、実物資産は借り手に残っている。このような担保を譲渡担保といい、原材料を加工したり商品を販売したり、債権を回収することは自由に行うことができる。

　実際にはデットファイナンス（資金を債務にて調達）に該当するが、資産（アセット）の新しい資金調達法として考えられるので、本書ではアセットファイナンスの一項目としてとらえている。

担保として提供された動産は、もちろん、通常の営業活動の範囲で自社が利用、あるいは、販売をすることができるのは当然だ。

動産担保のメリットは、製品や商品が処分しやすい仕組みであり、かつ、中小企業にとっての実態に合わせた適正な融資が行われることにあるといえるだろう。

(2) 動産譲渡登記の創設

動産の所有権は占有状態にあるかどうかで判断される（民法178条）。こうした動産の譲渡登記は2005年より可能になった。全国の動産のすべてを東京法務局で管理している。

ただし、対象となる動産は「法人が行う動産の譲渡」に限定されている。また、債権譲渡登記と同様で、年月日だけではなく登記の時刻まで記録される。

動産の特定方法には次のように2種類あり、どちらかを選択できることになっている。

---

① 個別動産…動産の種類及び特質によって特定する方法
② 集合動産…動産の種類及び所在によって特定する方法

ABLのように、集合動産の場合の登記の効力の流れは図表2-15のとおりだ。

❖図表2-15❖　集合動産の登記

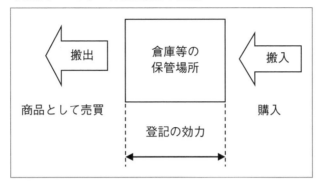

(3)　ABL の特徴

　借り手となる中小企業と貸し手となる金融機関の間には、緊密な
コミュニケーションと協力関係が必要なのは通常の融資と同様だ。
そのためには、互いが情報を共有しておかなければならない。そこ
で ABL の特徴をまとめてみた。次の5つのポイントがある。

> ①　不動産資産がない企業でも動産担保で融資を受けられる可
> 能性が高まる。
> ②　貸し手の審査や企業側の登記手続きに一定の時間が必要で
> ある。
> ③　経営管理の効率化、在庫管理コストの低下につながる。
> ④　貸し手に対して担保にした在庫や売掛金等の増減を定期的
> に報告する義務がある。
> ⑤　担保にした資産の状況等を貸し手と共有すること（貸し手
> への報告義務）で、事業に対する理解を得られ、安定的に資
> 金を確保できる。また、経営へのアドバイスも受けられる。

⑷　ABL の活用に向いている中小企業

　基本的には、成長意欲のある健全な経営を行っている中小企業は
ABL に合っている。もちろん、一定以上の在庫を抱えている企業は
より使いやすいだろう。

　在庫には、原材料である材木、養豚、乳牛から製品としてのワイ
ンや衣類などすべてが対象になるため、業種は問わない。特に次の
ような中小企業には向いているといえる。

---

　①　成長資金を必要としている上、担保評価となる資産規模が
　　大きい中小企業
　　（在庫や売掛債権などの流動資産の絶対量が多く、かつ、資金
　　調達ニーズのある中小企業）
　②　売上が急速に成長して増加運転資金が不足がちになる中小
　　企業
　　（創業からの期間が浅く、成長が早すぎる中小企業によくあ
　　るパターン）
　③　固定資産の中でも機械や設備、あるいは車両などの規模が
　　大きい中小企業
　　（不動産は少ないが、不動産以外の固定資産の割合が多い中
　　小企業）

　経済産業省のホームページにある ABL の適正チェックリストを
企業の特徴、資金ニーズ、経営管理の３点からまとめると図表２-16
のようになる。○の数が多いほど、ABL に向いている企業といえる
だろう。

❖図表2-16❖　ABL適性チェックテスト

区分	No	チェック項目	○／×
企業の特徴	1	自社の商品・取り扱い製品の品質に自信を持っている	
	2	市場性のある在庫や、信用力がある取引先の売掛金等の流動資産を保有している	
	3	不動産がない、または少ないが、機械等の固定資産を保有している	
資金ニーズ	4	原材料を一定の時期にまとめて仕入れる必要がある	
	5	季節によって在庫の販売量に大きな差がある	
	6	原材料の仕入れから、製品化し販売・回収するまでの資金の立て替えが必要になる	
	7	規模拡大や業種部門の転換等により、運転資金の必要性が高まっている	
経営管理	8	財務諸表を電子データで作成している／作成できる	
	9	在庫や売掛金等の残高について、パソコン等で正確なデータを管理している	
	10	貸し手に事業内容を深く理解してもらい、信頼関係を強化したい	

（出典）経済産業省「ABLのご案内—在庫や売掛金を活用した新たな資金調達の方法」

8 貸付債権を上手に回収する

(1) 債権内容の確認

　中小企業では、小口の債権などについて、契約書など法的な整備がされているケースは多くない。

　何となく代表者などがナァナァで資金を支出しているため、債権の内容が不明になりがちだ。こうした場合には、まず、債権の種類など、債権内容を明確にしておく必要がある。

　債権内容を明確にする場合には、①債権の種類、②債権額、③支払時期、④利息、⑤遅延損害金、⑥保証人の6点がポイントとなる。

　一般的には契約書から確認するのが第一歩だ。契約書や書面による取引をしていないと、いざという時に取引内容についてトラブルが起きやすく、立証するのも困難になる。したがって、必ず書面を残すという社内規則を作成しておくべきである。

　特に、継続的な取引があるケースでは取引基本契約書を作成しておくのがベターといえる。

　ただし、契約書を締結していない場合には、注文書・請書・受領書・納品書などで確認することも可能である。

(2) 消滅時効に注意

　債権は、「一定の期間が経過」し、「債務者がその消滅を主張する」(時効の援用)ことで債権自体が消滅してしまう。請求する債権がどの債権に該当するか確認して消滅時効前に回収しておかなければならない。

　2020年4月1日に債権法（民法の契約等に関する部分）が改正されている。特に、消滅時効についてはより合理的でわかりやすいも

のとするため、職業別の短期消滅時効の特例が廃止され、すべて「原則５年」とされることとなった。同時に、商法の消滅時効の規定も削除されて債権の消滅時効は民法に一本化されている。ただし、債権者自身、自分が権利を行使することができることを知らなかったような債権については、権利を行使することのできる時から「10年」が時効日である。

　簡単にまとめると、次の①と②のいずれか早く到達する方が時効到来日になるわけだ。

---

　①　権利を行使することができると知った時から５年
　②　権利を行使することができる時から10年

　ただし、それまで進行していた時効を無効とし、その時点から新たな消滅時効を進行させる方法がある。時効の中断といい、次の３つのいずれかの手続きをすることが必要となる。

　(イ)　債務の承認（債務者が一部でも支払えば承認となる。）
　(ロ)　請　　　求
　　　　　Ａ：裁判上の請求
　　　　　　　訴えの提起、支払督促の申立て、和解・調停
　　　　　　　の申立て、破産手続き参加　など
　　　　　Ｂ：催告（ただし、６カ月以内に他の方法による
　　　　　　　中断事由がない時は、時効は中断しない。）
　(ハ)　差押え・仮差押え・仮処分

---

(3) 回収するための交渉ポイント

　債権者に対して、最初の請求書発行以降は放っておくケースがある。債権回収で最も大切なことは、相手方に「支払う意思を起こさせる」ということだ。請求書を送り続けるだけではなく、債務者に連絡を取り、支払いの交渉をすることが債権回収の第一歩である。

　交渉をしてもまったく支払ってもらえない場合も数多くある。その際は、支払ってもらえなかったからと泣き寝入りするわけにはいかない。少しでも有利な債権回収を進められるように次のような手段を講じておく必要がある。

---

① 支払金の一部だけでも支払ってもらう（消滅時効の中断）。
② 債務者に債権があれば譲渡してもらう（債権譲渡）。
③ 相手方への債権と相殺してもらう（相殺）。
④ 「債務確認書」をとりつける（債権確定）。

　交渉の際には、(イ)債務者の取引先や取引銀行を聞き出す、(ロ)機械類・商品・自動車などの動産を確認する、などの情報を手に入れる必要がある。これらは、強制執行時の差押財産を特定するために特に重要な情報になる。

　債務者に資産がなければ債権を回収することができないのは当然だ。したがって、債務者の資産の調査は絶対不可欠となる。

　それでも債権回収がうまくいかない場合や、最初から債務者に明らかに支払う意思がない場合には、まず、内容証明郵便で請求する。内容証明郵便は法的手続きの第一歩だ。取引先に対して心理的なプレッシャーを与える効果につながるからだろう。ただし、内容証明

は相手方への宣戦布告ともなるので、今後も取引が続く債務者に対しては慎重に行わなくてはならない。

　弁済期から時間が経過してしまった後で、取引先が「請求を受けていない」といって消滅時効を主張するケースもある。こうしたケースでは、催告をしたことを証明する手段として、内容証明郵便が重要になってくる。

(4)　債権回収方法の決定

　債務者の支払意思や支払能力によって債権回収方法は異なる。小口債権の回収のケースでは、債務者に支払意思がある場合は公正証書を作成し、支払意思がない場合は支払督促・少額訴訟を利用するのが通常だ。図表2-17に債権回収手続きのための基本的なチャートをまとめておいたので参考にされるとよいだろう。

①　公正証書の作成

　債務の支払方法の話合いがついた場合は、公正証書で「債務承認弁済契約書」を作成する。執行認諾条項（債務者が金銭債務の支払いを怠った場合などに、強制執行をされても異議を申し立てないという条項）を入れておけば、万が一の時には、訴訟等をしないで強制執行することができる。

②　訴え提起前の和解

　訴え提起前の和解とは、財産上の争いについて訴訟や調停によるまでもなく、双方の合意による解決の見込みがある場合には裁判所で和解をする手続きである。簡易裁判所に当事者が和解の申立てをし、和解が成立すると裁判所によって和解調書が作成される。

　裁判所が介入するので非常に有効な手段だが、和解の成立までに

時間がかかる。

③　民事調停

　民事調停は、簡易裁判所に申立てを行う。調停委員会において双方が債務について話し合い、合意に達すれば調停調書が作成される。
　当事者の互譲を目的としているので、全額を支払ってもらうことは難しいといえるだろう。また、裁判所に出頭する必要があるので、相手方が協力的ではない場合には利用できない。

④　支払督促

　債務者が債務の存在を認めているケースで、かつ、支払いについて協力的ではない場合には、支払督促が有効である。
　支払督促は、債権者が債務者の住所地の簡易裁判所の裁判所に申し立てる。請求に理由があると認められる時は、裁判所書記官が債務者を一切審尋しないで支払督促を発するというものだ。
　支払督促を送達後、２週間以内に異議がなければ、30日以内に債権者の申立てによって仮執行宣言が付される。
　ただし、債務者から異議があれば通常の訴訟に移行する。相手方の住所地の裁判所での訴訟となるので、相手方が遠方の場合は利用しない方がベターだろう。

⑤　少額訴訟

　民事訴訟のうち、少額（60万円以下）の金銭の支払いをめぐる争いを迅速に解決するための手続きである。簡易裁判所に申立てをし、法廷では裁判官と同じテーブルを囲んで審理が進められる。１回の期日で審理をしてただちに判決を言い渡すことが原則だが、証拠書類や証人は、審理の日にその場ですぐに調べることができるも

のに限られている。

　簡易裁判所には定型の訴状用紙や答弁書用紙が備え付けてあるのでそれらを利用することもできる。

　裁判所は、訴え提起した人の請求を認める場合でも、分割払いや支払猶予、遅延損害金免除をすることが認められている。そのため、債権全額をすぐに回収できるとは限らない。

　少額訴訟判決に対して不服がある場合には、控訴をすることは認められていない。ただ、判決した裁判所に異議を申し立てることができる。

⑥　強制執行

　なぜ、債権回収の際に様々な手続きを取らなくてはならないのだろうか。強制的に相手方から資金を回収するためには、法律で定められた大義名分（債務名義）を取得しておく必要があるからだ。

　強制執行の場合は、手続きも大変なので弁護士や司法書士などの専門家に依頼した方がよい。リスクマネジメントの時代に入っているだけに、今後は中小企業も弁護士や司法書士と常時、提携しておくべきだろう。

❖図表2-17❖　債権回収手続きのための基本的なチャート

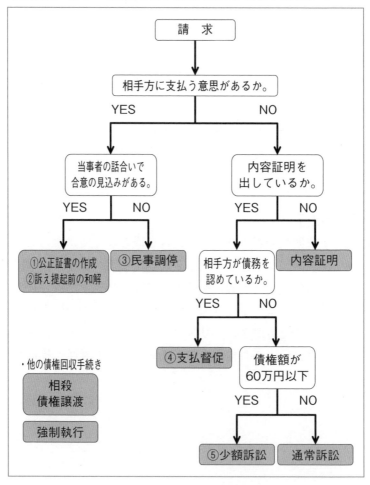

9 リースによる資金調達を考える

(1) 資金を温存したままで、運転資金などに活用する

　企業が設備投資する時の調達方法には、自己資金、借入金、分割払いなどがある。しかし、いずれの方法も「購入」であって、企業にとっては多額の資金が流出することに変わりはない。

　企業が機械や設備を現金で購入すると、その分、企業の手持ち資金が減少することになる。これに対して、リースを利用すれば設備の購入資金をリース会社が負担するため、ユーザーは月々のリース料のみで物件を利用することができる。つまり、企業がリースを利用すると、資金は温存されたままで、その分、運転資金や他の有効な投資資金として活用できることになる。

　例えば、現在の手持ちの300万円と、1年後、3年後の300万円とでは価値が異なってくる。1,000万円のコンピューター設備を導入する場合、現金購入であれば1,000万円の現金、5年の割賦購入にしても頭金を含めると初年度で350万円ほどの現金支出を伴う。

　しかし、リースの場合は年間のリース料が260万円程度で、現金購入と比べて1年目には差引740万円が温存されることになる。つまり、リースを利用すると資金にゆとりが生まれるというわけだ。

(2) リースを利用するメリット・デメリット

　企業がリースを利用した場合、毎月支払うリース料は、その全額を経費として損金処理することができる。

　これに対して、借入金の返済額や割賦金は損金として処理することはできない。この損金処理というメリットは、リース取引が日本で普及してきた理由の1つでもある。

❖図表2-18❖　リース利用のメリットとデメリット

メリット	①	資金にゆとりができる（手元資金の確保）。
	②	インフレ・ヘッジとしての効果がある。
	③	資産の陳腐化に弾力的に対応できる。
	④	リース料は損金処理ができる。
	⑤	コスト把握が容易である。
	⑥	事務の省力化が図れる（経理事務や管理事務）。
	⑦	金利水準に左右されない。

デメリット	①	リース料は割高になる。
	②	特別償却など税務上のメリットが受けられない。
	③	物件の処分益が享受できない。
	④	リース料の支払いが固定化する。
	⑤	物件の陳腐化を完全に避けられない。
	⑥	所有という満足感が得られない。
	⑦	原則として中途解約ができない。
	⑧	金利相当分の負担が割高になる。

　通常、所有して使用する場合、資産は法定耐用年数の期間で、決められた方法（定率法もしくは定額法）によって償却することになる。しかしリースの場合は、法定耐用年数ではなく、実際に使用できる期間（経済耐用年数）をリース期間として決めるため、物件価額の全額をリース期間内に損金として処理することになる。

　リースを利用すると、物件の経済耐用年数に合わせてリース期間を設定できるため、リースは物件の陳腐化に弾力的に対応でき、企業は常に最新鋭の機械や設備が使えるというメリットも生じる。

　反面、リースにはリース料が割高になるというデメリットもある。ユーザーである企業が物件を購入する場合、通常は金融機関から購入資金を借り入れるが、その借入金には当然金利が付く。

この借入れによる購入とリースの場合を比較すると、リース料には借入金利の他にリース会社の実費（販売管理費）と利益が上乗せされているため、その分、割高になってくるわけだ。

　また、リース期間満了後には、物件は所有者であるリース会社に返還されるため、物件の処分益が享受できないことや、リース料の支払いが固定化するなどのデメリットもある。

⑶　ファイナンスリースとメンテナンスリース

　車両をリースする場合、ファイナンスリースとメンテナンスリースのどちらの契約をするかを選択しなければならない。

　メンテナンスリースは、リース料の中に車両のリース期間中のコストも含めて計算するのが大きな特徴だ。

　メンテナンスリースの場合は、リース会社が保険会社、整備会社、用品会社などと契約しているので、会社は次のようなメリットが発生する。

---

① 　リース会社はスケールメリットがあるため、会社が独自にメンテナンスを行うよりコストが削減できる。

② 　移動コスト（ガソリン代・高速料金・駐車料）と過失コスト（運転者の重大な過失）以外の費用はかからない。

③ 　整備工場との折衝がなくなり、点検や車検のつど車両を工場に搬入する必要はない。

　また、リースとレンタルも混同されやすい。リースは、顧客が欲する資産をリース会社が購入してリースするが、レンタルはすでにレンタル会社が所有している資産を賃貸するシステムである。オーダーメイドと既製品の違いだ。一般的にレンタルよりリースの方が、契約期間が長くなることを理解しておく必要があるだろう。

10 セール&リースバック方式を活用する

(1) 有形固定資産はすべて対象

　通常のリース契約では、リース会社はユーザーである企業が希望する物件をサプライヤーから購入して企業にリースする。これに対して、「リースバック」とは、従来から企業が所有してきた物件をいったんリース会社に売却して資金化、ただちに同一物件をリース会社から賃借りする方式だ。

　このリースバック方式を利用すると、

---

① 資産を売却するため一時的に資金が調達できる。
② 所有していた物件に伴う管理事務が省力化される。
③ メンテナンス・サービスの提供が受けられる。

といったメリットがある。

　リースバックには車両がよく取り上げられる。車両を所有すると、その管理には自動車税・保険料の納付、定期点検整備、部品の交換、修理、事故時の処理など煩雑な事務手続きがある。

　そこで、企業は所有している車両をリース会社に売却して資金化するとともに管理させることとする。そのため、管理事務の省力化やメンテナンス・コストの低減が図れるなどのメリットが生まれる。

　所有することに比べ、手間ヒマとコストの削減効果が期待できるというわけだ。車両を数多く抱えている運送会社や自動車教習所などはもちろんだが、不動産や設備、機械や店舗一式など、様々な有形固定資産もリースバック方式が成立する。

スーパーや小売店の商業施設にもリースバックの例がみられる。例えば、スーパーが新しく店舗を開設する時の設備には、ショーケース、冷凍・冷蔵庫から会計機、自動販売機に至るまで多種類の商業設備が必要である。

　1つの店舗で、これらの商業設備をすべて揃えるには、通常10社以上のディーラーから調達しなければならない。

　この場合、購入や搬入に伴う事務は煩雑となる上、個々の物件の納入には時間的なズレが生じる。このため、「リース会社が物件を購入するよりも、ユーザーがこれらの事務を行う方が効率的である」といった理由から、スーパー側で設備をいったん購入し、品揃えができたところでリース会社が一括して買い取り、リースするという方式が採られている。

❖図表2-19❖　セール＆リースバックの基本的な考え方

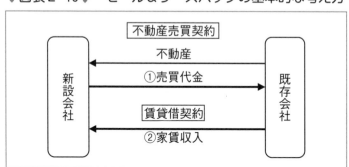

(2)　パッケージリース方式もある

　通常のリース取引のように単に機械設備のリースだけではなく、レンタル、割賦販売、ファクタリング、ローンなどの各種取引をリースと組み合わせた複合取引をパッケージリースという。

このパッケージリースの利用例としては、ホテル、工場、スーパー、病院などがあげられるが、多くは100億円を超える不動産を中心とした大型プロジェクトが対象だ。

　例えば、ある飲食店が多店舗展開をする場合に、リース会社が事業計画にもとづき、用地の買収から建物の設計施工・内装工事、什器備品など設備投資全体を一括して提供する。この場合、不動産は「賃貸借」、建物の設備資金や運転資金は「融資」、さらに動産は「リース」や「割賦販売」を利用するというように、設備投資の全体をリース会社に依存するわけだ。

　リース会社は、土地の確保から企業の事業計画、収支計画など経営面に至るまでの各種ノウハウも合わせて提供することになる。このように、パッケージリースでは、単に動産・不動産の調達だけではなく、そのプロジェクト全体に必要な各種の専門的なノウハウも合わせて提供する。

　こうしたことから、従来のファイナンスリースの域を越えた一種の複合コンサルティング業的な色彩が強く、「コンサルティング・リース」とも呼ばれている。

　いずれにしても、当の企業に代わって投資資金を調達するリースは、銀行が資金を融資するのと同じ性格を持っていることに注目すべきだろう。

(3)　本社ビルのリースバックスケジュール

　本社ビルをリースバックする場合、通常は事業資金の借入れのために担保提供している場合が多いため、次のようなスケジュールで行う。ここではリース会社を活用しないで自社で不動産会社を新設してリースバックする場合の手法をまとめておこう。

① 不動産売買契約書を締結し、不動産管理会社が、購入する本社ビルを担保に金融機関から新規に設備投資資金を借り入れる。
② 不動産管理会社から事業会社に売買代金を支払う。
③ 事業会社の借入れを繰上返済するとともに、本社ビルの抵当権を抹消する。

　この取引はすべて同時に行われるので、事前にスキーム及びスケジュールを金融機関へ説明しておくことが重要だ。
　その後、図表2-20のように、不動産管理会社は事業会社からの家賃収入により、金融機関からの借入金を月々返済していくことになる。

❖図表2-20❖　金融機関からの借入れがある場合の考え方

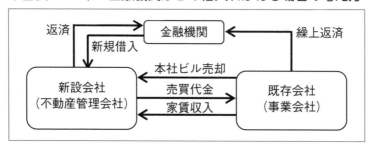

① 事前準備のための一覧表を作成する

　セール＆リースバック方式を採用するためには、事前に、『**不動産経営管理シート**』※を作成しておくことが望まれる。どの不動産なら、調達する資金に見合うセール＆リースバック方式が採用できる

かを考えるためだ。

　また、不動産の売却に伴う売却損益や、借入金の担保となっている抵当権などの範囲を把握しておくことができる。

（※）　『不動産経営管理シート』とは、自社所有（代表者ら個人所有も含む）の不動産を４つの価格に分け、さらに物件ごとの収益力を検証するための筆者が開発した一覧表のことである。

②　セール＆リースバックの３つのメリット

　セール＆リースバックを行うことによって、資金・財務・税務面については次のようなメリットが生まれる。

㈤　資金メリット──キャッシュフローの改善

　グループ全体（既存の事業会社＋新設の不動産管理会社）のキャッシュフローを見ると、借入資金の用途が本来の設備投資資金（長期）に変更されるため、借入期間を延長した効果が発生する。月々の返済金額が軽減されることにより、資金繰りが改善される。

㈹　財務メリット──ROA の向上

　事業会社にとっては、バランスシートから不動産と借入金が減少するため、総資産が減少する。利益状況に大きな変化がなければ、中小企業の ROA（総資産経常利益率）は上昇し、格付けがアップすることにつながる。

㈥　税務メリット──節税効果

　利益体質の中小企業なら売却損を生み出すことで法人税等の節税につながる。また、本社不動産に含み益があれば、赤字体質の中小企業は売却益によって相殺することができる。

⑷　不動産の購入側の税務コスト

　本社ビルを売却する相手が関係会社の場合には、登記や不動産鑑定などに係る移転費用の他、次のような税金が発生するので注意が必要だ。そのため、これらの費用も事前にスケジュールに折り込んでおく必要がある。

　図表2-21の税目以外にも、既存借入金に固定金利特約の設定がある場合、繰上返済時に違約金が発生する可能性もあるので、借入関係の契約書の確認も必要だ。

❖図表2-21❖　不動産の取得時における税務コスト

税　目	内　　　容
不動産取得税	土地や家屋を購入したり、家屋を建築するなどして不動産を取得した時にかかる税金。有償・無償の別を問わない。
登録免許税	不動産などを取得した場合、所有権の登記をする時に支払う税金。また、金融機関からの借入れに伴う抵当権設定時にも支払う。
印紙税	売買契約書や金銭消費貸借契約書などに貼付する。
消費税	建物など、減価償却資産の売却については、売却価額に消費税が課税される。

11 保険料積立金を再検証する

(1) 保険契約の加入目的は何だったのか

　企業が加入している生命保険契約には、必ず加入時における目的があったはずである。しかし、加入時と現在では必ずしも状況が同じとは限らない。その時々の状況に応じて、保険契約を見直していくことが重要なのだ。

　現在では、企業が生命保険に加入する場合には、大きく分けて次のように4つの目的が考えられる。

---

① 事業保障対策資金
② 事業継承・相続対策資金
③ 役員・従業員退職金準備
④ 役員・従業員福利厚生対策

　生命保険とはいえ、企業が加入している目的は財務戦略の1つでもある。例えば、①将来の事業資金準備・債務返済対策・決算対策としての事業保障対策資金、②自社株買取・納税資金準備や生産資金準備としての事業継承・相続対策資金、③長年勤めた功績に応じた退職金準備や死亡保障準備のための役員・従業員退職金準備、④役員・従業員の傷病入院時やガン入院時の対策としての福利厚生対策など、それぞれの目的に応じた保険商品を選択して加入しているはずだ。

　加入時期と現在の状況の変化を常にチェックしながら、これらの保険商品を適切に見直すことで資金を調達することができる。

(2)　加入目的に沿った保険商品の種類

　加入目的に対応した保険商品の見直しの仕方をまとめていこう。2019年６月からは、保険種類や契約形態の見直しだけでなく、加入時期による経理処理が税務上大幅に変更されている（2019年６月28日付「課法２-13、課審６-10、査調５-３　法人税基本通達等の一部改正について（法令解釈通達)）。

　法人契約で加入する生命保険契約は、加入時期や保険商品、契約形態によって経理方法が異なっている。そのため、解約返戻金や配当を活用するためには、この３つをチェックしながら効果的な資金調達を考えておかなければならない。

❖図表２-22❖　保険加入と目的のマトリックス

目　的 ＼ 保険商品	終身保険	平準定期保険	逓増定期保険	長期平準定期保険	養老保険	ガン保険
事業保障対策資金	○	◎	◎	◎	○	○
死亡退職金・弔慰金対策資金		◎	◎	◎		○
退職慰労金対策資金	○		◎	◎	◎	◎
企業継承・相続対策資金	◎		◎	◎		○

(3)　保険料積立金と解約返戻金の仕組み

　保険料積立金とは、経理処理において資産として計上された科目であり、解約返戻金は保険契約を解約した場合に支払われる現金・預貯金といえる。そこで、保険商品ごとに資産計上額（保険料積立

金または前払保険料）と解約返戻金の推移を見てみよう。

① 終身保険
　支払保険料は全額が保険料積立金として資産計上される。つまり、保険料は経費とならない。ある時期を越えると保険料積立金より解約返戻金が上回っていく。

② 定期保険（平準定期保険・逓増定期保険・長期平準定期保険）
　契約日が2019年７月８日以降の場合は、最高解約返戻率によって、下記のように経理処理が変わってくる。上記の日付以前の保険契約は、引き続き従来どおりの経理処理となる。
・50％以下
　　支払保険料が全額損金となり、保険積立金はない。
・50％超70％以下
　　保険期間の前半４割相当の期間、支払保険料の40％が前払保険料として資産計上。
・70％超85％以下
　　保険期間の前半４割相当の期間、支払保険料の60％が前払保険料として資産計上。
・85％超
　　保険開始日から最高解約返戻率となる期間の終了日まで、支払保険料×最高解約返戻率×70％（ただし、最初の10年間は90％）が前払保険料として資産計上。

③　養老保険

　契約形態が下記(**4**)③の場合、支払保険料の2分の1が保険料積立金となる。満期を迎えた時に満期保険金を受け取る。ほとんどの期間において、保険料積立金額より、解約返戻金が上回るだろう。

④　ガン保険

　ガン保険の中でも、保険期間が終身の場合、解約返戻金が右肩上がりに増加していくものがある。2012年4月27日以前のガン保険については、保険料全額が経費算入となっていたが、それ以降の契約は、支払保険料の2分の1を前払保険料として資産計上し、残りを損金として経費処理される。

(4)　保険料と解約返戻金の経理処理

　2019年7月8日以降、保険商品ごとの支払保険料経理処理は、以下のようになる。

①　終身保険（契約者＝法人、被保険者＝役員・従業員、保険金受取人＝法人の場合）

　➡　保険料＝資産計上（保険料積立金）

②　定期保険　（契約者＝法人、被保険者＝役員・従業員、保険金受取人＝法人の場合）

　➡　図表2-23を参照。

❖図表2-23❖

最高解約返戻率	資産計上期間	資産計上額（前払保険料）
50％以下	―	（全額損金）
50％超70％以下	保険期間の前半4割相当の期間	支払保険料の40％
70％超85％以下	保険期間の前半4割相当の期間	支払保険料の60％
85％超	最高解約返戻率となる期間	支払保険料×最高解約返戻率×70％（最初の10年は90％）

③　養老保険　（契約者＝法人、被保険者＝役員・従業員、死亡保険金受取人＝遺族、満期保険金受取人＝法人の場合）

➡　支払保険料の2分の1が資産計上（保険料積立金）

④　ガン保険　（契約者＝法人、被保険者＝役員・従業員、保険金受取人＝法人の場合）

➡　・2012年4月27日以前の契約　全額損金
　　・2012年4月27日以降の契約

　　　　　　　保険料の2分の1が資産計上（前払保険料）

また、保険契約を解約して、解約返戻金（現金）を受け取る際には、次の2通りのケースが考えられる。

①　資産計上額（保険料積立金・前払保険料）がない場合

受け取った解約返戻金全額は雑収入として益金計上となる。

② 資産計上額（保険料積立金・前払保険料）がある場合

受け取った解約返戻金から資産計上額を取り崩し、受け取った解約返戻金との差額がプラスの場合には雑収入として益金計上となり、少ない場合には、差額を雑損失として損金算入する。

なお、解約返戻金の範囲で契約者貸付を行った場合には、上記のような経理処理とはならない。

(5) ケーススタディで検証する

A社は、社長を被保険者とした生命保険に加入している。会社設立後間もない40歳の時に、債務返済に対する事業保障対策資金の目的と、将来の役員退職金準備と死亡保障準備を目的に加入した。保険種類は保険期間90歳満了の長期平準定期保険に保険金２億円とした。

その後15年間経過し、加入当時の銀行借入は完済している。つまり、この時点では債務返済に対する保障目的は無くなっているということだ。

もちろん、将来の退職金準備や事業継承・相続対策資金の準備は必要だが、最近の新型コロナウイルス感染症の影響で一時的な資金が必要となってしまった。そこで保険金を１億円に減額することとした。

その結果、2,240万円の資金（解約返戻金）が調達できた。すべてを解約するのではなく減額という手法を用いたことで、今後の事業保障対策資金、事業継承・相続対策資金、退職金準備とした保険契約を残すことができたのだ。

12 経営セーフティ共済を解約する

(1) 倒産防止共済制度の活用

　バランスシートを検証すると、保険積立金とか長期前払費用といった項目の中に、中小企業倒産防止共済制度による掛金が含まれていることがある。

　これは1977年に施行された中小企業倒産防止共済法によって1978年から始まった国の政策で、通称名は「経営セーフティ共済」と呼ばれている。

　中小企業が取引先の倒産や廃業などにより、売掛債権等が回収困難になった場合には、国（中小機構）から資金を借り入れることで連鎖倒産を防止しようとする制度だ。

　この共済制度は、次の①と②のいずれか少ない金額まで迅速に資金を調達することができる。

---

　① 　今回の売掛債権の貸倒額（未回収額）
　② 　中小企業倒産防止共済掛金の10倍

　この制度の特徴は、会計上は資産として計上できるが、税務上の減算処理により掛金は全額が損金（つまり経費）扱いになる点である。

　現状ではすでに46万社の企業や事業者が加入しており、累計では約27万件、約1兆9,000億円になっている（2020年3月末）。

(2)　経営セーフティ共済の８つのポイント

　簡単にまとめると、節税効果が得られるとともに取引先の倒産などにおける連鎖倒産や経営難が防げるということである。

---

① 　無担保、無保証人で資金を調達できる。

② 　掛金総額の10倍までを上限として資金調達できる。

　　（※ただし、回収困難になった売掛債権の額が上限となる。）

③ 　掛金は損金（事業所得となる個人なら必要経費）となる。

　　（※掛金は、掛金総額が800万円に達するまで、月額5,000円〜20万円まで5,000円単位で自由に選択でき、増減も自由である。）

④ 　掛金は、会計処理上は資産計上ができる。

⑤ 　取引先の倒産後すぐに資金を調達できる。

⑥ 　共済金の借入金利は無利子（０）である。

　　（※借入後は、借入金の10％に相当する金額が払込掛金から控除されるため、実質的には金利10％になる。）

⑦ 　返済時には６カ月の据置期間があり、５〜７年返済である。

　　（※返済期日までに共済金の返済がないと年14.6％の違約金が課せられる。）

⑧ 　掛金を解約すると解約手当金として資金を調達できる。

　　（※掛金を１年以上納めておくと、掛金総額の80％以上が戻り、40カ月以上納めていれば掛金全額が回収できる。）

⑨ 　コロナ禍のような緊急資金の調達のためには、解約することで対応できる。そのためにも加入しておくことは外部留保となる。

⑶　倒産の定義

　なお、取引先の倒産などの場合に、共済金の借入れが可能になる

❖図表２-24❖　セーフティ共済でいう倒産の定義

法的整理	破産手続開始、再生手続開始、更生手続開始、特別清算開始の申立てがされること。 倒産日：申立てがされた日
取引停止処分	手形交換所に参加する金融機関によって取引停止処分を受けること。 倒産日：取引停止処分の日
でんさいネットの取引停止処分	でんさいネット（株式会社全銀電子債権ネットワーク）に参加する金融機関によって取引停止処分を受けること。 倒産日：取引停止処分の日
私的整理	債務整理の委託を受けた弁護士又は認定司法書士によって、共済契約者に対し支払いを停止する旨の通知がされること。 倒産日：通知がされた日
災害による不渡り	甚大な災害の発生によって、手形や小切手等が「災害による不渡り」となること。 倒産日：当該手形等の手形交換日又は呈示日
災害によるでんさいの支払不能	甚大な災害の発生によって、でんさいが「災害による支払不能」となること。 倒産日：でんさいの支払期日
特定非常災害による支払不能	特定非常災害（※）により代表者が死亡等した場合に、弁護士等によって、共済契約者に対し支払いを停止する旨の通知がされること。 倒産日：通知がされた日 （※）政府が「特定非常災害の被害者の権利利益の保全等を図るための特別措置に関する法律」に基づき指定する大規模な災害
注意事項：倒産日から６カ月を経過した場合には共済金の借入手続きを行うことができない。	

（出典）中小機構ホームページ

が、唯一共済金の借入れが受けられない取引先の倒産は「夜逃げ」のケースである。それ以外の図表2-24のようなケースはすべて共済金による借入れは可能だ。

(4) 一時的な資金調達

取引先企業等が倒産していなくても、臨時的に事業資金を必要とする場合には解約手当金の95％を上限として借入れが可能な制度（一時貸付金）がある。

借入金は30万円以上で事業資金としての使途の場合には、担保や保証人は不要で、1年以内に一括返済する条件で資金調達できる。

現状では、一時貸付に対する金利率は「年0.9％」である。

(5) 新型コロナウイルス感染症の特例措置

現状では次のような特例措置があるので、独立行政法人 中小企業基盤整備機構のホームページを参考にされるとよいだろう。

---

① 共済金の償還（返済）期日の繰下げ

② 一時貸付金の返済猶予

③ 掛金の納付期限の延長等

（注1） それぞれの申請書等の送付先は次のとおりである。

〒105-8453 東京都港区虎ノ門3-5-1　虎ノ門37森ビル

独立行政法人 中小企業基盤整備機構行

（注2） 支援措置に応じた申請書等の送付先は、下記のとおりとなる。

① 共済金の償還（返済）期日の繰下げ → 倒産防止共済貸付管理課

② 一時貸付金の返済猶予 → 倒産防止共済貸付課

③ 掛金の納付期限の延長等 → 倒産防止共済契約課

---

13 差入保証金を見直す

(1) 人口減少社会における保証金の性格

　本来、保証金とは、家賃保証の意味合いから生まれたものである。ところが現在では、不動産オーナーにとっては借入金と同じ性格になっている。こうした手法は、建設協力金同様、諸外国ではほとんど見られない仕組みといってもよいだろう。

　戦後の日本社会は、人口の急増に住居の確保が追いつかず、完全に需給のバランスが崩れていた。その結果、貸し手である不動産オーナーの権利が強くなり、借り手は住まいを確保することを優先せざるを得なかったのだ。

　ところが、人口減少社会では、不動産価値の低下、入居者数の減少を生み、借り手・テナント優位の社会情勢が生まれ、保証金の性格も本来の家賃保証型にシフトし出してきた。

　そこで、現在差し入れている保証金についても、保証金の減額請求が普通に行われるようになってきた。現在入居すると適正な保証金はいくらか、というわけだ。

　この場合の保証金の資金化戦略は通常、図表2-25のステップで行うことができる。

(2) 実勢価額の見直しは家賃交渉にもつながる

　S社のケースで説明していこう。

　S社は都心部において25年の歴史のある複数店舗をもつ小売店である。出店コストの中でも多額の保証金の調達が資金繰りの足かせにもなっている。そこで、図表2-25のステップに応じて保証金戦略を見直すこととなった。

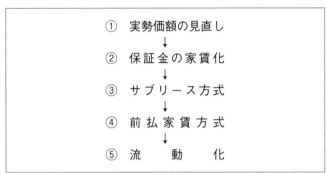

❖図表2-25❖　保証金の資金化・流動化のステップ

① 実勢価額の見直し
　　　　↓
② 保証金の家賃化
　　　　↓
③ サブリース方式
　　　　↓
④ 前払家賃方式
　　　　↓
⑤ 流　　動　　化

①の実勢価額の見直しとは、現在借りている店舗に新たに入居するとした場合に保証金はいくらが適正なのかという現状分析を行い、適正水準の確認を行うことだ。近隣ビルの空室率や新築ビルが供給されているかどうか、同じ立地でもビルの設備面からの格付けはどの程度のものかをチェックしていく。

例えば、S社のメイン店舗は15年前に賃借したものだ。15年前には1,500万円の保証金を差し入れているが、現時点で入居するとせいぜい500万円が上限といえる。

そうすると、この500万円を少し超える程度の保証金が交渉の目安となる。例えば、600〜800万円を目安とすると、S社は差額の700〜900万円の保証金を返還してもらうための交渉を行うことになる。

仮にS社が退去するとなると、この不動産オーナーは新しいテナントが入居しても500万円の保証金が上限になる。したがって、現在のS社に700〜900万円返却しても、S社に継続して貸していた方が有利なわけだ。

これは同時に、家賃や管理費の適正化交渉にもつながる。自社の

入居しているビルが、このエリアの平均的な賃料や保証金とは異なってくる。あるいは同じ立地でもビルなどの格付けが進んでいるため、どのクラスに属しているビルかどうかでも保証金や賃料に違いが生じるのだ。

　借地借家法32条では、「土地や建物に対する固定資産税などの租税負担の増減や、土地や建物の価格上昇や低下といった経済事情の変動、あるいは近隣同種の建物の家賃と比較して不相当になった場合などは、契約の条件にかかわらず、家賃などの増減請求ができる」とされている。

　つまり、賃料は一度決定したら変更できないのではなく、前述した状況が生じた場合には、当事者が互いに増減請求権を持っていることを理解しておくべきだろう。

(3)　保証金の家賃化って何？

　図表2-25にある、②の保証金の家賃化というのは、現在差し入れている保証金が①の適正な保証金であったなら、次のステップとして保証金の金利部分を家賃に上乗せすることで、保証金を返還してもらうというものだ。

　不動産オーナーから見ると、差し入れてもらった保証金とは、将来テナントが退去する場合には必ず返還しなければならない債務だ。その債務に関する利息分を家賃に上乗せしてもらえるのなら、これこそ差入保証金の最も有効な運用方法になる。

　保証金を預からない（逆にいえば、預からない保証金の代わりに、その運用益を得ることになる）ことによって、家賃のアップが図れるというわけだ。仮に年金利1％程度なら、現在の金利水準からすると不動産オーナーにとっては最も上手な運用になる。

(4) サブリース方式

　金融機関から調達する資金を預かり保証金で埋めているため、資金が不足気味のオーナーに対しては第三者のノンバンクなどを介することで、図表2-25の②と同じ手法を採用することができる。

❖図表2-26❖　サブリース方式の考え方

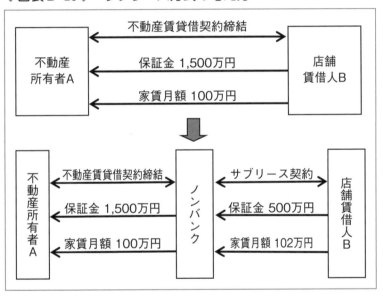

　これが図表2-25の③サブリース方式である。つまり、不動産オーナーとノンバンクが今までと同じ方式で契約を行い、ノンバンクがテナントとサブリース契約を行うことになる。不動産オーナーにとっては契約当事者が直接のテナントではなく、ノンバンクに変わり、契約方法の中にサブリースを認めるという項目が増えるだけだ。

⑸　前払家賃方式

　預り保証金方式を家賃の前払方式にシフトしようとするのが、図表２-24の④前払家賃方式だ。預り保証金も将来返還しなければならない借入債務なら、数カ月から１年間程度の前払家賃方式でもいいのではないかという提案である。

　もちろん、保証金の持つ家賃保証の性質もカバーできる上、不動産オーナーの資金計画もサポートできる。その上、テナントは期間損益を活用することで損金経理も可能なため、税の軽減につながり、バランスシートからも消えていくことになる。オフバランス化にも役立つはずだ。オーナー個人にも相続対策につながるメリットがある。

　図表２-24の⑤流動化とは、全国展開しているチェーン店の保証金をファンド化して証券化するものだ。個人や中小企業規模ではコスト面に難点があるが、今後の時価会計制度やオフバランスにおける１つの戦略になってくるとみられている。

⑹　交渉事の大前提を理解しておく

　そこでＳ社は、複数の物件の店舗調査を行った。一物件ごとに収益力のチェックとすでに差し入れている保証金・敷金及び現在その店舗を新たに賃借した場合の保証金・敷金、ならびに不動産オーナーの収益状況などについての調査である。

　その結果、高収益店舗のオーナーに対しては、家賃に金利分を上乗せすることで保証金を返還してもらう交渉を行い、平均ベースの店舗には適正保証金と適正家賃を算出した結果をプレゼンテーションして、契約の見直し交渉を行ったのだ。

　もちろん不採算店舗にはかなり強気の要求を突きつけた。不採算

店舗だけに、仮に交渉が決裂した場合には退店までを含めた決断をしているからだ。

ただ、交渉事には大前提があることを忘れてはならない。交渉の大前提とは、「本気」であるいうことだ。ゴネ得とはまったく対極に位置しているといえる。とりあえず話だけしてみるという行動は交渉にはなり得ない。

そのためには、「交渉が不調に終わった場合にはどうするか」といった事前の対策が必要となってくる。本気で立ち向かうからこそ交渉事は生きてくるのだ。

交渉の第一歩は条件変更を依頼するためのレターの作成である。この場合のレター作成のポイントは次の３つに絞られる。

---

① 変更案は事実をベースに妥協点も考慮しておく。
② 回答日を明確にしておく。
③ 高圧的な文章は避ける。

簡単にいえば、最初のレターであること、お願いごとであること、契約書という法律行為の変更であることの３点を意識することでトゲトゲしい北風の対決にしない工夫が必要となる。

ただ、減額をお願いする保証金の返還額や賃料は、合理的で明確な基準がベースになっていることを説明しなければならないのは当然である。家賃引下げも「３カ月後から」とか、保証金の返還も「２回に分けて半年以内に」といったように、ある程度の含み幅を持たせておくことも上手な交渉条件の１つといえるだろう。

14 無形固定資産を資金化する

(1) 知的財産権とは何か

　新規の発明（新規性、進歩性があるもの）をした者が、その発明を独占的に使用できる権利のことを特許権という。特許権は、実用新案権・意匠権・著作権・商標権などを含め知的財産権といわれており、無形固定資産の一種である。

　発明者は、この特許権を資金化するためには、商品を製造・販売したり、ライセンスを供与し、収益を得ることで資金化するのが一般的だった。しかし、特許権がファイナンスに利用されるようになり、最近では、担保融資・流動化・信託など様々な方法が出てきている。

　特に、物的担保や信用力が不足している中小企業やベンチャー企業では、特許権などの知的財産権を担保として資金を調達することができる。ただし、知的財産の厳密な担保価値を計算することは難しいため、次の3点に注目して融資が実行されることになる。

---

　① その知的財産権が権利として確実なもの
　② その知的財産権が事業にとって不可欠なもの
　③ その知的財産権を活用した事業に収益性、将来性、事業性
　　 があるもの

　例えば、図表2-27のように、T社は、取得した特許権（データ圧縮技術）を担保に日本政策金融公庫より2,000万円の融資を受けた。この特許は、今後、様々なシステムへの活用が期待できるから

である。

❖図表２-27❖　知的財産担保融資のスキーム

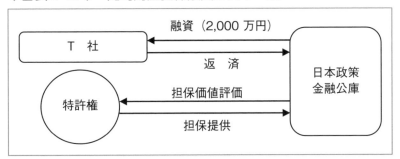

　ただ、このケースはあくまでも特許権を担保にして資金調達を行う方法である。つまり、アセットファイナンスではなくデットファイナンスの新しい形態といえる。

(2)　知的財産権の流動化

　そこで、知的財産権を流動化して資金化する方法も生まれ出しだ。
　知的財産権の流動化は、任意組合（商法）・匿名組合（商法）・有限責任組合（投資事業有限責任組合契約に関する法律）・特定目的会社（資産の流動化に関する法律）などを介して行われる。
　流動化へのスケジュールをまとめると、次のようになる。

---

①　特定目的会社等を設立する。
②　特定目的会社等は知的財産権取得のため、投資家や金融機関から資金を調達する。
③　知的財産権を所有する会社は、その知的財産権を特定目的

会社等に譲渡する。

④　特定目的会社等はその知的財産権を利用したい会社に実施権を与え、ロイヤルティを受け取る。

⑤　受け取ったロイヤルティを原資として投資家へは配当を、金融機関には返済と利息の支払いを行う。

　松竹が映画『男はつらいよ』シリーズの地上波テレビ放送を2002年2月から2004年4月の期間限定でテレビ東京に提供した。図表2-28のように、テレビ放映権料の収入を裏付けに、著作権のうちの放送権を特定目的会社に譲渡することにより資金を調達したのだ。特定目的会社は放送権の取得資金をノンリコースローンにより日本興業銀行（現・みずほ銀行）から調達している。まさに知的財産権の資金化といえるだろう。

❖図表2-28❖　知的財産権の流動化のスキーム

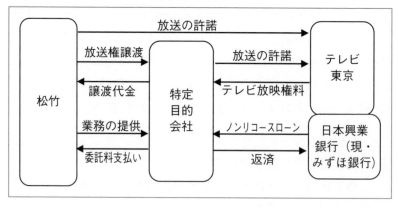

(3) 知的財産権の信託の方法

　知的財産権を信託することで資金を調達することも考えられる。ここでいう信託とは「信頼して託する」という意味だ。自分（委託者）の信頼できる人（受託者）に財産を引き渡し、一定の目的（信託目的）に従い、自分又はある人（受益者）のために、受託者がその財産（信託財産）を管理・処分する仕組みだ。

❖図表２-29❖　知的財産権の信託スキーム

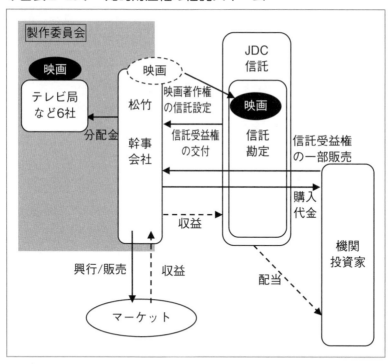

例えば、『阿修羅城の瞳』（滝田洋二郎監督）は、制作費と配給経費などを合わせて13億円の総事業費になる。図表2-29のように、松竹が製作委員会に出資した数億円分の著作権持分を信託設定し、信託受益権に転換した。

　その上で、信託受益権の一部を機関投資家向けに販売して資金を調達した。著作権設定信託はJDC信託が受託者となって行い、機関投資家向けに信託受益権を販売して資金を調達したわけだ。

(4)　営業権も資金化できるのか

　営業権は一般的に「暖簾代」ともいわれている。これは、会社が事業を行っていく中で培った技術力・ブランド力・信用力により、他の会社よりも高い収益を上げる力のことだ。

　M&Aにおいては高い収益力だけではなく、買い取った後に高い収益力が生じるか、シナジー効果が生じるか、経営改善の可能性があるか等が判断されるため、黒字会社だけではなく、赤字会社でも営業権が発生することがある。

　営業権の譲渡においては、一般的には、営業譲渡又は事業譲渡といわれている。これは、会社の営業の全部又は一部を他の会社に譲渡することだ。

　この営業とは、ある事業を行うための財産・債務、組織、ノウハウ、取引先との関係などのすべてを包括したもののことである。

　営業譲渡の場合、基本的に時価と譲渡対価が一致するが、時価と譲渡対価が一致しない場合には、税務上、寄付金や受贈益の問題が発生するので注意が必要だろう。

❖図表2-30❖　営業譲渡のパターン図

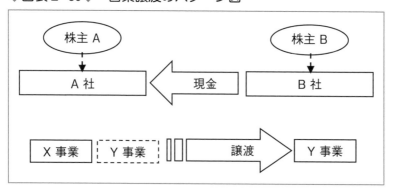

　実質利率を考えるに当たっては、「先払い金利か、後払い金利か」を検証しておく必要がある。

　通常、金融機関から資金を調達すると、1ヵ月分の金利を差し引かれた金額が振り込まれる。この場合に差し引かれている金利は表面金利だが、基本的には先払い金利になるので、後払い金利とは負担率が異なるということだ。

　さらに、抵当権設定料、収入印紙代、保証料なども差し引かれていると、実質金利率は表面金利率より0.1%以上は高くなってしまうだろう。

　ちなみに、普通預金や定期預金の金利率（つまり、預金者が得られる受取利子など）はすべて後払い金利のため、通帳に示されている表面金利率と実質金利率は常に同じである。

15 資産担保証券で調達する

(1) 資産担保証券（ABS：Asset Backed Securities）の急成長

　1996年にリース債権やクレジット債権など、金融債権を担保にした有価証券として本格解禁されて以降、発行額は伸び続け、成長してきたのが ABS と呼ばれる資産担保証券である。

　企業が保有資産を圧縮して財務体質を改善するニーズは強くなり出しており、証券化の対象は不動産以外にも広がり出している。ABS は、企業などが保有する資産を本体から切り離し、資産から生じる収益を元利払いの原資にする有価証券だ。収益が定期的に生じれば、基本的にはどんな資産でも証券化の対象となるため、欧米では著作権を対象にした ABS も登場している。

(2) 流通業が保有店舗を証券化するケース

　ABS は、新たに設立する SPC（特定目的会社）に資産を譲渡し、SPC が証券を発行する手法が一般的である。証券は通常、格付けの異なる複数の部分に分かれ、資産から生じる収益が最初に元利払いに回される「優先部分」と、元利払いの優先順位は低いが利回りが高い「劣後部分」で構成される。

　個人向けの新たな金融商品として不動産投資信託（日本版 REIT）が登場したことから、投資家が高い利回りを求めて劣後部分の買い手になる可能性も高いと指摘する声もある。

　不動産投資信託とは、幅広い投資家から集めた資金を複数の不動産物件に投資し、その賃貸料収入や売却益で利益を上げ、投資家に配当を支払う形態の金融商品だ。米国では REIT と呼ばれ、定着している。

日本でも2000年11月末に「投資信託及び投資法人に関する法律」（投信法）が施行され、取扱いが解禁された。2001年3月には東京証券取引所が専門市場を開設、投資家が自由に売買することも可能になった。

　ABS市場で大きく伸びたのはこうした不動産関連の証券化だが、投資家層の広がりを背景に、対象は従来の本社ビルやオフィスビルからホテルやガソリンスタンドなどにも拡大している。

❖図表2-31❖　不動産投資信託の仕組み

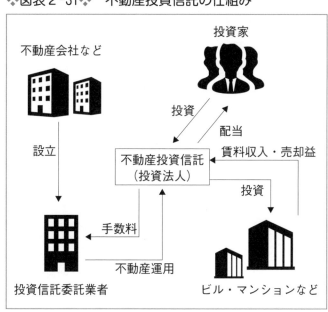

　大成建設は、子会社が所有する「シェラトン・グランデ・トーキョーベイ・ホテル」（千葉県浦安市）の証券化に当たって約400億円を公募方式で調達した。機関投資家に限定せず、幅広く資金を調

達するという狙いである。ホテル証券化の日本での第1号でもある。

　ホテルの稼働率が全国でもトップクラスで安定収益が見込めるため、公募が可能と判断した。客室、料理、飲食など部門別の収益をきめ細かく開示するなど、情報開示を徹底し、個人投資家の投資も促した。

　公募調達する上で、投資判断のよりどころとなる予備格付けを、ムーディーズ・インベスターズ・サービスから取得している。

(3)　製作費の捻出にも有効

　中小企業の例を見ても、名古屋市を中心に活動するラップグループが、音楽CDやレコードの製作費として約1,000万円を証券化によって市場から調達している。

　日本のミュージシャンは製作費を音楽プロダクションやレコード会社に頼っているのが現状だ。しかし、証券化を活用すれば無名でも才能豊かなミュージシャンが自前で製作費を調達することが可能である。

　まずSPCを国内に設立し、音楽著作権の一種である同グループの原盤権をSPCに譲渡。SPCは1,000万円規模の証券を発行して、投資家に販売し、CDとレコードの販売収入を元利払いに充てるという仕組みである。

　映画や音楽業界の証券化は活発で、「コンサートの証券化」なども登場してきた。これは、チケットを販売する前に投資家から資金を募り、コンサート運営者が公演費用を調達するというものである。投資家が受け取る収益はチケットの売行きに応じて変動するわけだ。このように、いち早く資金を調達できる証券化の活用は、様々な分野で増えている。

　保有不動産を、証券化を使って貸借対照表から切り離す例も目立

ち、不動産の証券化は2017年度4.8兆円、2018年度4.7兆円、2019年度は4.1兆円となっている。

証券化で借入金の返済を進め、財務の改善を図る企業が増えているためだ。証券化は普通社債（10.5兆円・2018年）の50％程で、企業の主要な資金調達手段として定着しつつあることがわかるだろう。

すでに証券化の対象は不動産だけではなく、ソフトウェアや特許権など、知的所有権などに広がり出しており、ABS市場はさらに拡大していく見通しである。中小・ベンチャー企業にとっても、「資産は持たなくても使用する権利さえあればいい」といった発想の転換が求められることになりそうだ。

(4) 不動産を小口証券化して資金調達する

企業の保有する土地やオフィスビルなどの不動産を小口の証券に仕立て直して投資家に販売、資金調達する不動産の証券化が急速に拡大している。

不動産証券化とは、賃貸料などの土地や建物から生まれる収益を利払いに充てる証券を発行し、市場から資金を調達する仕組みのことである。

不動産を売りたいが買い手が見つからないような場合、小口の証券に仕立て直して販売することで資金調達を行い、貸借対照表（バランスシート）から保有不動産を外し、資産や借入金を圧縮できるなど、実際に不動産を売却したのと同じような効果が得られる。

米国では、1990年代初頭、破たんした金融機関の不動産を取得した整理信託公社（RTC）が資金調達の手段として活用し、市場が急拡大した。日本では1999年2月に大京の賃貸マンションを対象にした証券化が第1号として実施されている。

資産を圧縮できるため、財務体質改善に活用する企業が増える一

方、比較的利回りの高い投資対象として証券を購入する投資家層が地方金融機関などにも広がっている。

❖図表2-32❖　不動産証券化の基本的な仕組み

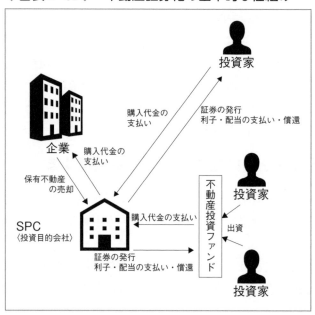

中小不動産会社でも賃貸マンション事業を展開するF社は、不動産の小口証券化を活用した賃貸マンションの建設・管理事業に乗り出している。

F社のビジネスモデルを簡単に説明しよう。

まずF社はSPCを設立し、SPCにマンションを売却した。SPCはその賃貸収入を裏付けとした証券（ABS）を発行し配当するというものだ。

同社はこれまで賃貸マンションを個人資産家向けに販売してきた

が、投資家を不特定多数に広げる仕組みをつくり、事業規模の拡大に弾みを付けている。今後は、中小・中堅の不動産だけではなく、不動産を保有する一般の中小企業にも着実に広がっていくだろう。

(5)　中小企業の不動産証券化も活発に

　不動産証券化は、まず企業が保有不動産を SPC に譲渡、SPC は証券を発行し、賃貸料や売却金など、その不動産が生み出す収入を元利払いに充てるというのが基本的な仕組みだ。

　前述したように、企業は不動産を事実上、外部に売却したとみなされ、貸借対照表から資産を減らすことができる。しかも、SPC から譲渡代金を得て、借入金返済も進めることができる。つまり、低金利の資金調達ができるということである。

　日本では、バブル経済時代に資産と負債が膨らみ、資産効率が低下したままの企業が目立っている。こうした企業が、財務体質改善の切り札として不動産の証券化に踏み切るケースが増えているのが実情といえるだろう。

　不動産の証券化商品の購入者は、生命保険、損害保険会社が中心だが、最近では、地方銀行、農林系金融機関、さらには個人投資家、一般企業、大学などにも広がってきた。低金利で運用難に悩む機関投資家筋にとって、社債等より利回りが高い証券化商品は魅力があるということだろう。つまり、資金の出し手は日本中に存在しているというわけだ。

第3章

負債で資金を調達する
〈デットファイナンス〉

I デットファイナンスの基本的な考え方

1 赤字の会社は金融機関から借りるな

(1) 資金不足はなぜ起こるか？

借入金などの債務による資金調達のポイントは2つある。①必ず返済をしなければならないこと、②コスト負担が発生することだ。

したがって、いつ返済するのか、コストはどのくらいかかるのかなど、投資に見合った資金調達の方法を明確にしておく必要がある。

「資金が不足するから金融機関から調達する」という中小企業経営者の思考回路には2つの問題が隠されている。

1つは、資金不足を「結果」としてとらえているということだ。モノゴトの原理として「原因」があるから結果が生じる。マイナスの結果を生む場合には、常に原因を見つけ出しておかないと同じ過ちを何度も繰り返してしまう。

資金不足になって困ったが、幸いにして金融機関から資金が調達できた——。このようなケースで、結果がクリアできたため原因を追及しないままにしておくと、ほとんどの経営者は再び同じことを繰り返すのが常である。とりあえず目先の難問が片付いたことで、その難問に至った過程を捨ててしまうのだ。

(2)　金融機関から借りるのが当たり前？

　もう１つは、中小企業で生じる資金不足を解消するのは金融機関の役割だと思い込んでいることだ。金融機関からの借入れには、常に前払金利が発生するだけではなく、借りた当月から返済が始まる。

　ところが、運転資金の不足のための借入れだと、借入金の返済資金がさらに必要になってくる。そうすると借入金の返済や金利負担までを含めた借入れを再び実行しなくてはならない。

　金利の支払いを新たな借入れで賄うため金利が複利になってしまう。要するに、中小企業は事業上の不足する運転資金以外に、金利負担まで見越した借入金を発生させなければならないのだ。

　一方、設備資金のための借入れなら、新規設備投資が翌月から相当の収益を生むことはまずあり得ない。何カ月か、あるいは何年かして設備投資の威力が発揮されるのが通常である。

　つまり、この借入金の返済や金利は、新たな借入資金や現在の事業の中から支払わなければならなくなるのだ。経常収支が安定していない時期の借入れが問題なのである。

　「今後は設備投資をしなければやっていけないので無理をして先行投資をした」といったようなケースでは、よほどしっかりとした事業計画を立てておかないと、近い将来に資金不足が生じてしまうのは当然のことだろう。

　以上の２つの問題は解決が可能である。１つは、「なぜ資金が不足するのか」「どういう企業スタイルのあり方が資金不足を生み出すのか」を事前に真剣に検討しておけばよいからだ。

　資金不足はいくつかの要素が重なって起こってくる（前掲図表１－１参照）。その中でも企業固有の特徴をしっかり認識しておくべきだろう。

もう1つは、資金不足の理由が認識できていれば、その対策や方法は数多くあるということだ。自社が社会にとって必要な存在であることをしっかり説明できる中小企業には、心強い味方が社会には数多く存在しているからである。

(3)　借金による資金調達の3つの原則

　資金調達の中でも、何より熟考しておかなければならない方法が負債による調達だ。負債は英語でDebtのため、「デットファイナンス」とも呼ばれている。

　負債による調達で最もわかりやすい方法が、借入金による調達である。ただ、借入金による調達には、次のような原則があることを理解しておかなくてはならない。

---

①　借金とはお金を借りて使うことである。
②　借金とは借りたお金を増やして返すことである。
③　借金はできるだけ早く返すことである。
　　（ただし、何かに投資する場合には、当分返済をせずに
　　リターンが発生してから速やかに返すことである。）

　ミヒャエル・エンデは『欧州知識人との対話』（和田俊著、朝日新聞社、1986年）の中で、金利の恐ろしさを例え話として述べている。要約すると次のようになる。

　「西暦元年に1マルクを年5％の複利で借りると100年で130倍、500年で3,700億倍になる。同じ期間に毎日8時間働き続けても、1.5mの金の延べ棒1本分にすぎないのだ。人間が働いて得るお金との

差額の勘定書きは誰が支払っているのか」

　何かに投資、もしくは消費するために借入金が発生する。ただし、問題は借りたお金は増やして返さなくてはならないということである。増やさなければならないのは、金利の負担があるからだ。金利は、借りている間は１秒も休むことなく増加し続けることを肝に銘じておく必要があるだろう。

　投資することで得られるリターンが金利をはるかに上回っているならば、上記の①〜③の原則は解決する。ところが、消費のための借金や赤字補塡の借入金は、②と③の原則をクリアすることはできない。これが金利の必要な借入金による資金調達の基本的な考え方といってもよいだろう。

(4)　金利が金利を生むパターン

　中小企業にとってデットファイナンスは、金利のかかる債務と金利のかからない債務に分類できる。大半は金利のようなコストが必要だが、信用取引（買掛金や未払債務など）などによる資金調達は「増やして返す」必要はない。最も良質な短期債務としては前受金がある。前受金は返す必要はなく、未来の売上につながるからだ。

　また、社債などのような直接金融による資金調達のルートが中小企業にも開かれてきた。社債の特徴は、上記にある借金の原則の③の但書（かっこ内の原則）を活用できるといえる。

　例えば、金融機関から融資を受けて資金を調達すると当月から返済が始まるだけでなく、借入金の利息は１カ月分を前払いしているケースが多い。ところが、投資した資金の回収は当分見込めず、１〜２年後からキャッシュフローが改善されてくるのが通常だ。資金繰りが黒字化しないうちに借入金の返済や金利の支払いが始まる

とそのための新たな借入金が発生してしまうのである。

　つまり、当面の返済分や金利分を含めて新たな調達をしなければならないため、金利に金利が付くという愚を犯してしまっているのである。まさにミヒャエル・エンデの世界に入ってしまうのだ。その象徴的な例が消費者金融であるといっても過言ではないだろう。

　中小企業では、設備資金として調達した借入金の返済や金利を、新たな運転資金で調達しているというパターンがよく見受けられる。不足した資金に色は付かないため、足らなくなった資金の中に金利や返済金も含まれていることに気付かないからだ。こうしたケースでは、同じ債務調達でも1年後の金利支払いや数年後に一括償還する社債を発行することによって資金を調達した方がはるかに合理的・効率的といえるだろう。

(5)　中小企業向けの3つの社債

　社債は、長期間返済を猶予する仕組みを取り入れているため、じっくり事業を熟成させてから——つまり、償還期限までの猶予を考えた事業計画をベースとして対応できるという点に特徴がある。

　中小企業が活用できる社債発行には、次のように3つある。

---

①　少人数私募債
②　プロ私募債
③　特定社債保証制度

---

　①の少人数私募債は、中小・中堅企業が最も発行しやすい社債である。基本は、社債の引受人である社債権者が50人未満であり、その社債権者は縁故者に限定されているということだ。

さらに、社債1口の金額が、社債発行総額の50分の1より大きいと金商法上の募集に該当しないため、有価証券届出書を提出する必要もなく、社債管理会社を置く必要もなくなる。

　つまり、比較的自由に発行できる上、社債引受人も個人であれば社債利息収入の20.315％が課税されるだけで税務処理は完了する。総合課税ではなく、利子所得という分離課税が採用されたためだ（ただし、2014年度の税制改正で、同族会社の発行する社債の引受人が同族会社関係者である場合には、総合課税の対象になった）。

(6)　プロ私募債で金融機関からの評価を知る

　②のプロ私募債とは、私募債の発行ではあるものの、引受人の社債権者の中に金融機関などの金融のプロが混じっているケースだ。現実には、金融機関側が取引先の中小・中堅企業に「社債を発行しませんか」と持ちかけている。したがって、引受人は金融機関1行だけというケースが大半だ。金融機関が選出した中小・中堅企業以外の企業がプロ私募債を発行することは考えにくいだろう。

　自社で私募債を発行して金融機関に引き受けてもらえるかを試す方法もある（この場合には、目論見書などを作成しなければならない）。おそらく中小企業の発行基準通りに引き受けてくれる金融機関は皆無ではないだろうか。

　金融機関が引受人になる社債の場合は、社債発行に関して金融機関に発行手数料などの一定の報酬を支払うこととなる。その上、無担保ではなく担保付社債の発行が多いため、担保設定費用も必要になってくる。

　長期間の社債というより半年ごとの償還など、社債として本来の意味をなさないタイプも多く見受けることがある。そのため、金融機関から社債発行の提案がある中小企業なら、自信を持って自社で

少人数私募債を発行する方が有利といえるだろう。

　金融機関が選んでいる財務体質の良い会社であることが証明できているため、少人数私募債が発行しやすくなる――つまり引受人が現れるということ――からだ。

　また、少人数私募債の発行に抵抗があるなら、金融機関に社債を引き受けてもらうのではなく、一定期間据置方式の借入金方式を採る方がイニシャルコストを考えれば一般的には有利だ。

(7)　特定社債保証制度は使えるか？

　③の特定社債保証制度とは、信用保証協会が中小企業の発行した社債発行額の80％を保証するという仕組みである。ただ、発行保証基準である適債基準には純資産が5,000万円以上という必須要件以外にストック要件やフロー要件もある。

　ストック要件とは、純資産（自己資本）比率20％以上と純資産倍率2.0倍以上であり、いずれかをクリアしておかなければならない。

　また、フロー要件にも使用資本事業利益率（要するに、ROA）とインタレスト・カバレッジ・レシオがある。こちらも前者は10％以上、後者は2.0倍以上のいずれかが基準になる。

　つまり、適用する場合のハードルがかなり高いため、この制度の適用を受けられる中小企業は優良企業の一部にすぎないと思われる。

　いずれにしても、社債を発行する場合にはいくつもの選択肢があるので、資金の必要性に応じた対応法があるということを知っておかなければならない。

2 中小企業の財務体質の弱点

(1) 小規模企業ほど収益力が低い

　中小企業の財務体質には大規模企業と比較して次のような弱点がある。いずれも中小企業庁の様々な財務データを分析したものだ。

❖図表3-1❖　中小企業の財務体質の弱点（大規模企業と比較して）

---

① 　収益力は小規模な企業ほど厳しくなる。
② 　付加価値は全体的にそれほど差はないが、労働分配率は高い。
③ 　小規模になればなるほど、当座比率や流動比率は高くなるが、
　　短期借入金が長期借入金として処理されているケースが多い。
④ 　純資産（自己資本）比率はきわめて低い。
⑤ 　投資に対するリターンという意識が低いため、総資産経常利益率
　　（ROA）が低い。

---

　①の収益力とは、企業全体の投資に対するリターン率を検証するもので、基本的には⑤の総資産経常利益率のことだ。総資産経常利益率は次のように総資産回転率と経常利益率を乗じて算出する。

$$\frac{売\ 上\ 高}{総\ 資\ 産} \times \frac{経常利益}{売\ 上\ 高} = 総資産経常利益率$$

$$（総資産回転率）\quad（経常利益率）\quad\quad（ROA）$$

　中小企業は総資産が多いのではなく、利益率が低いことが課題である。売上規模が低く、利益率が低いと、絶対額としての借入金の返済が厳しくなってしまう。

(2) 労働生産性と労働分配率の関係

②の労働生産性には大きな差はないが、分配率が高いため先行投資を行いにくくなる状況が生じている。製造業を除けば、大規模企業を含めて日本全体の労働生産性は低いのが現状だ。

ここでいう労働生産性とは、社員1人が年間にどのくらいの付加価値（限界利益）を生み出したかを示している。一方、労働分配率は、企業が生み出した付加価値（限界利益）のうち、どのくらいを人件費に支払ったかを示す指標である。

$$労働生産性 = \frac{付加価値}{社員数} \qquad 労働分配率 = \frac{人件費}{付加価値}$$

労働生産性に労働分配率を乗じると次のようになる。

$$\underset{(生産性)}{\frac{付加価値}{社員数}} \times \underset{(分配率)}{\frac{人件費}{付加価値}} = \underset{(1人当たり人件費)}{\frac{人件費}{社員数}}$$

つまり、中小企業は生産性に比較して分配率が高くなっている。その結果、投資や借入金などに回す資金が不足しがちになる。

(3) 支払能力としての安定性

③の安全性は、当座比率や流動比率のことである。本来、長期借入金で資金を調達した場合は、1年以内に返済すべき借入金につい

ては短期借入金にシフトしなければならない。

　ところが中小企業では、調達した長期借入金はすべて固定負債に計上してしまっているケースを見受けることが多い。これによって見かけ上の流動比率が高まってしまう。

　したがって、安全性を考える場合には、流動比率なら150〜200％、当座比率なら100〜130％程度がベースになるだろう。

(4)　健全性の基本は純資産比率

　④の純資産（自己資本）比率は次のように計算する。

$$
純資産（自己資本）比率 = \frac{総資産 - 負債（純資産）}{総資産}
$$

　純資産比率とは企業の基礎体力である。財務内容の中では最も健全性を示している数値だ。中小企業にとっては、当面の目標は40〜50％を意識しておかなければならない。

　簡単にいうと、企業の成長期は借入金などの債務を増やして資金を調達することはあり得る（レバレッジの原理）が、低成長になると返済と金利負担が重荷になってくることを理解しておく必要があるということだ。今回の新型コロナウイルス感染症によるケースなどは、純資産比率が低い企業は2〜3カ月で資金不足を迎えている。

　⑤は簡単にいうと、総資産経常利益率（ROA）が低いということだ。問題なのは、ROAを意識していない経営者が多いことである。ROAは経営者の通信簿といわれるように、常に経営者が注目しておかなくてはならない数値だろう。

3 金融機関から見た会社の評価を知る

(1) 情報の非対称性

　金融機関と中小企業の間には、「情報の非対称性」が存在する。情報の非対称性とは、金融機関側に中小企業の実像が見えていないために生じるものだ。簡単にいうと、中小企業の決算書などをあまり信用していないということでもある。

　ただ、最近では、2012年に作成された中小企業の会計に関する基本要領（中小会計要領）に合致している計算書などで、「情報の非対称性」を埋める努力も行われている。

　中小会計要領には、次のように4つのポイントがある。

---

① 自社の経営状況が把握しやすいのに役立つか。
② 利害関係者への情報提供に役立つか。
③ 会社法という会計計算規則に準拠しているか。
④ 中小企業の過度な負担にならないか。

　さらに、取得原価主義会計、ノウハウや権利（営業権やソフト）の未計上、リース取引、年金基金、債務保証なども意識しておかなくてはならない。

(2) 定量要因のポイントは返済能力

　そのためには、図表3-2のような企業を評価する定量要因と定性要因をしっかりと理解しておく必要がある。

❖図表3-2❖　金融機関の融資判断の一部

従来型	21世紀型	
貸出実績	貸出実績	参考要因
担保（裸与信）	担保（裸与信）	
地元業界評判	地元業界評判	
他行シェアー	他行シェアー	
業　　　績	業　績	信用格付算定要因
財務分析	定量分析・財務分析 （1次評価）自己資本比率／ギアリング比率／売上高経常利益率／自己資本額・売上高／債務償還年数／インタレスト・カバレッジ・レシオ／キャッシュフロー額／その他	
定性分析	（2次評価）定性分析	
実同体 実態B/S 他行支援	（3次評価）実同体 実態B/S 他行支援	
総合的判断：銀行全体の与信政策・ポートフォリオ／その会社の取引関係／銀行の収益採算	総合的判断：銀行全体の与信政策・ポートフォリオ／その会社の取引関係／銀行の収益採算	

（左）重視　（右）特に重視（スコアリング形式の積上評定）

　定量要因は、3～5年くらいの財務諸表をベースにした財務分析から各金融機関の評価ポイントに併せて数値化される。この数値は、決算財務諸表を一度分解してから分析を行う。

　例えば、土地などの不動産は実勢価額（時価）に変えたり、関係会社や同族関係者への貸付金や立替金などは除外していく。

　金融機関の融資判断は、きわめて簡単にいえば、貸した資金を全額回収できるかという与信能力の有無がポイントになる。そのため、安全性や収益性とともに返済能力が重視されてくるのだ。

安全性とは、簡単にいうと、融資期間中は潰れないかどうかを知る最低条件であり、返済能力とは、生み出した資金で返済は可能かどうかということである。こうしてみると、売上よりも利益、利益よりもキャッシュを重要視していることがわかる。

業種によっても財務分析値の標準は異なってくる。金融機関は業種をさらに分類してスコアリング（点数化）し、独自の基準でランク付けしていることを理解しておかなければならない。

銀行と信用金庫の間でも中小企業に対する対応法が異なっているため、両者の違いも知っておく必要があるだろう。

(3) 銀行と信用金庫の相違点

銀行は銀行法に基づいて設置されている株式会社である。したがって、基本的には利益を追求することを重視している。もちろん、金融機関の社会的な存在理由はあるのだが、現実的には目先の利益を取りにきていることが多く見受けられる。

一方、信用金庫（信金）とは、信用金庫法（昭和26年施行）に基づいて、会員（出資者）が出資している協同組織である非営利法人のことだ。したがって、融資先は各信金の定められた営業地域の中小企業や個人に限られている。

融資対象となる企業の範囲も、社員数300人以下、資本金9億円以下という基準がある（銀行には融資先の制限は一切ない）。

そこで、簡単に両者の違いを、図表3-3にまとめておこう。

(4) 評価基準を理解する

銀行と信用金庫では定量要因の基準も異なっている。特に大手銀行などは、上場企業にも自行の基準を該当するように仕組化しているため、中小企業の評価点はより厳しくなっていくはずだ。

一方、信用金庫（地方銀行も）は融資の対象が地域の中小企業のため、大手銀行と比較すると中小企業の基準値は低くなっている。

❖図表3-3❖　信用金庫と銀行の違い

	信用金庫	銀行
根拠法	信用金庫法	銀行法
設立目的	国民大衆のために金融の円滑を図り、その貯蓄の増強に資する。	国民経済の健全な発展に資する。
組織	会員の出資による協同組織の非営利法人	株式会社組織の営利法人
会員資格	（地区内で）住所又は居所を有する者、事業所を有する者、事業所を有する者の役員、勤労に従事する者	なし
	〈事業者の場合〉従業員300人以下又は資本金９億円以下の事業者	
業務範囲（預金・貸出し）	預金は制限なし	制限なし
	融資は原則として会員を対象とするが、制限付きで会員外貸出もできる。	

（出典）　一般社団法人全国信用金庫協会ホームページ

融資のための財務分析を行う場合の主な評価（分析）を安全性と返済能力、及び全体評価の分析に関してだけまとめておこう。

① 安全性の分析
　　㈶　純資産（自己資本）比率
　　㈠　流動比率
　　㈵　固定長期適合率
　　㈡　借入金月商倍率

㈱　借入金依存度

② 返済能力の分析
　　㈦　債務償還年数
　　㈲　インタレスト・カバレッジ・レシオ
　　㈸　キャッシュフロー（税引後利益＋当期償却費）

③ 全体評価の分析
　　㈦　総資産経常利益率（ROA）
　　㈲　経営安全率（不況抵抗力）

(5)　定性要因は経営者要因である

　企業を評価するもう１つが定性要因である。定量要因では見えて
こない中小企業の実像を知るための評価基準のことだ。
　中小企業の最大の経営資源は経営者自身である。そのため、金融
機関も中小企業に資金を貸すことは、同時に、中小企業経営者個人
に貸しているという意識が強く働いていく。金融機関からすると、
経営者の能力が最大の担保なのだ。
　中小企業の定性要因には次のように５点ある。

---

① 業界動向や競合状況（良好・普通・悪化）
② 会社の歴史と５年程度の業績の推移
③ 経営者像、経営方針
④ 営業基盤と事業の将来性
⑤ 採算状況

---

①は、自社の属する業界の将来性や競合している企業などとの比較で判定される。自社でも分析しているはずだが、金融機関は数多くの企業情報を入手しているため、シビアなチェックを行っている。

　②は、自社の社歴だけでなく、その変遷や時代に応じた変化への対応力などを検証するとともに、直近の数値分析の指数から今後の傾向を探っていく。

　③でいう経営者像とは、経営者の人柄、経営センス（経営能力）、事業への情熱や事業に関する知識、役員構成、従業員の質などといったヒト資源に関する総合的なチェックのことである。

　また、④の事業の将来性とは、商品や技術・サービスの将来性というだけでなく仕入先、得意先など、取引関係者などの利害関係者の状況、あるいは、暖簾や営業力の将来への評価のことだ。

　⑤の採算状況も、事業計画に基づいた利益計画、資金計画、先行投資内容の他、現状の損益や財産検証の把握も含まれている。

　いずれにしても、中小企業は金融機関を選択することが重要な時代に入っている。大規模組織の銀行だからとか、会社の近くにあるからといった理由で取引をしていた中小企業は数多いが、これは規模の追求をしていた20世紀型の考え方といえる。

　今後は、融資を依頼する金融機関の経営方針をしっかり理解し、自社の考え方に最もフィットする金融機関を選ぶことが上手な資金調達にもつながっていくことを理解しておかなければならない。これからは101ある地方銀行や399ある信用金庫、信用組合（2020年10月末現在）の淘汰が始まるだけに、企業側もこうした情報をしっかり把握しておくべきである。

4 借入金返済のための4つの出口戦略

(1) 債務調達は未来が重要

　金融機関からの借入れや社債の発行などによる資金調達とは、債務を増やして資金を調達するということだ。債務を増やすということは、将来必ずその債務を返済しなければならなくなる。

　とかく、中小企業の経営者は資金調達することだけで頭がいっぱいになっている。返済という未来の出来事が忘れられていることが多い。

　債務による資金調達を行った場合には、債務の出口（返済方法）戦略を考えておかなくてはならない。この出口戦略は4つに絞られている。

　ただ、4つを詳細に見ていくと、さらに3つに絞られる。出口を考えた上で、債務による資金調達を行うべきだということをしっかり理解しておく必要があるだろう。

(2) 出口の第一歩は利益の獲得

　最も基本的な出口は、事業から返済原資を獲得することで債務を返済していくということである。要するに、税引後の純利益で返済原資を生み出すという最もオーソドックスなパターンだ。厳密には、資金の支出はないが、損金（経費）化できる減価償却費などのコストも加算した合計が返済原資になる。

返済原資 ＝ 税引後純利益 ＋ 減価償却費

「債務の返済額」と「返済原資」の関係で次のような算式が立つなら、借入債務はそれほど問題にはならない。

借入金等債務の返済額 ＜ 返済原資

　ただし、キャッシュフローにとって最も重要なのは日々の動きである。

(3)　資産売却も出口の１つ

　２つ目は、所有している資産の中で、経営活動にさほど影響のない資産を売却することだ。売却資金で借入債務などを返済したり、不足資金を補うことになる。

　資産を売却して債務を返済すると総資産が減少する。そのため、総資産経常利益率（ROA）も向上するという財務メリット（財務体質の強化）も得られる。経営資源として必要な資産を売却することは論外だが、借入金債務の返済資金として資産を売却することは１つの選択肢でもあるといえる。

(4)　資本の増加は３つ目の出口

　会社が株式を発行して資金を調達し、借入金の債務を返済することが３つ目の出口である。株式の発行による資金調達のため、基本的には、その後の返済はない。

　まさに、返済の伴うデット（債務）を、返済のないエクイティ（株式）にシフトするということだ。債務の資本化である。

　これにより、純資産（自己資本）比率が大幅にアップすることとなる。次のような純資産比率の算式を考えればわかりやすいだろう。

$$\text{純資産（自己資本）比率} = \frac{\text{総資産} - \text{債務}}{\text{総資産}}$$

　中小企業の場合は、経営者個人などからの借入金などが発生しているケースがよく見受けられる。この場合、同族関係者からの借入金を資本にシフト（デットエクイティスワップ＝DESという）することで、財務比率が向上して金融機関からの融資条件も見直しやすくなる。

　ただし、同族関係のケースでは、実務的にはいったん返済して、その返済した資金で株式を引き受けてもらうという疑似DESの方がよく利用されている。

　この場合は、経営者個人の相続対策にもなるため、税法上の欠損金が残っている会社は債務免除の依頼とともに活用すべきである。

(5)　債務の債務化

　ここでいう債務の増加とは、借入金の返済を新たな借入金で行ったり、社債の償還期日に新たな社債を発行するなどということである。

　債務を新たな債務の調達で返済するため、デットデットスワップ（DDS）とも呼ばれている。ただ、このケースはいずれにしても上記の３つ（利益の獲得、資産の売却、増資）が最終出口になるため、一時的な応急措置にすぎないと考えておくべきだろう。

II 負債で資金を調達する 12の方法

1 顧客からの「前受金」で調達する

(1) 潰れにくい企業の三大条件

　潰れにくい企業体質を作るには、次のような3つの仕組みを構築すればよい。もちろん、この仕組みがあれば絶対潰れないというわけではないが、財務体質は安定していく。

---

①　前受金システム
②　無在庫システム
③　継続売上システム

　なぜこの3つが重要なのだろうか。図表3-5のような営業の循環構造を考えれば理解しやすくなる。

　企業は調達した資金で原材料や商品を購入する。メーカーなら、この原材料を加工して製品を作り出す。こうした商品や製品を販売して利益を得るわけだ。

　ただし、現代の経済社会では販売して資金として回収するまでに、売掛金や受取手形を経由することが通常だ。そうすると、いったん商品や材料に投資した資金は、回収するまでに相当の期間眠っ

てしまうことになる（CCC の財務分析・71ページ参照）。

❖図表3-4❖　潰れにくい会社の3つの条件

---

① 　前受金システム
　　キャッシュフロー経営という言葉が世間をにぎわせているが、利
益と資金は企業の両輪であるということは、企業が世の中に生まれ
た時から身にしみて理解しているはずである。
　　ただし、通常の経済取引システムからは「利益→資金」の間にタイ
ムラグが生じるため、「資金→利益」という取引形態を考慮すること
が資金戦略の1つになる。
② 　無在庫システム
　　中小企業にとって利益と資金のアンバランスが最も顕著に表れて
いるのが売掛債権と在庫である。ただし、売掛債権は買掛債務とい
う相対勘定も生じており、さらに資金回収に至る期間は在庫より短
い。
　　そのため、在庫の管理、もしくは在庫を持たないビジネスの組立
てといった点が資金戦略上でも重要なポイントになる。
③ 　継続売上システム
　　営業は企業の命綱であることは間違いないが、単発的で売れれば
よいという営業はほとんど何の価値もない。売上で大切なのは、売
れ続けるための仕組みづくりである。一度の取引の結果が継続して
いくというビジネスモデルの構築が必要となる。

⑵　増加運転資金がなぜ必要なのか

　企業経営は利益が出ない（つまり赤字）からといって、すぐに倒
産するわけではない。資金が足りなくなって倒産するのだ。した
がって、いかに資金の回収を早めていくか、支払いを遅らせていく
か（この場合は利益を生じるビジネスであることが前提となる）が
企業の生死の分かれ目になる。
　図表3-5の営業の循環構造を見ると、会社継続の仕組みが見え

てくる。つまり、日常の営業活動の中で資金が眠ってしまうのは、「在庫」と「売掛債権」の２つだけなのだ。この２つをクリアしておけば、増加運転資金の不足は生じないはずである。

　もちろん、この他に人件費や固定費などの支払いがある。ただ、こうした費用もすべて考慮して売値を算出しているわけだから、資金回収さえ適正なら増加運転資金の不足は解決する。

　無在庫、前受金システムというのは、資金繰りを楽にするための手法である。キャッシュを生み出す過程を短縮することは、金利のかからない負債を増やさなくて済むことにもなる。金利のかからない負債を減らせるということは、金利という費用をカットできるため、実質的に利益も生んでいるということなのだ。

❖図表３-５❖　営業の循環構造（Cash Conversion Cycle）

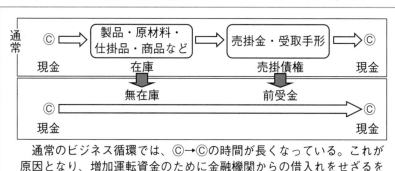

　通常のビジネス循環では、Ⓒ→Ⓒの時間が長くなっている。これが原因となり、増加運転資金のために金融機関からの借入れをせざるを得なくなる。
　一方、無在庫、前受金システムを採用すると、Ⓒ→Ⓒの時間が短くなる。極端にいうと、Ⓒが直接Ⓒを生むことになる。

(3) 楽天に見る三大条件

インターネットショッピングモールを構築した楽天（楽天市場）は、当初から戦略的に次のような仕組みを構築していた。

---

① 創業者の三木谷浩史氏は、楽天市場のシステム構築をプロのエンジニアに依頼するに当たり、基本的なコンピューター知識を得るために勉強されている。これは特定分野だけではなく、全体的な構想力を生み出すための基本的な構造を理解するためであり、経営者発想のベースといえる。

② 起業して半年間は売上がゼロでも資金不足にならないように資本金を充実させている。そのために、自らが納得できる事業計画書を立案して、友人や第三者にプレゼンテーションを行い、必要な資金を、返済の必要がない資本金として調達している。

③ 顧客から事前に資金を回収するために、事業上の工夫を組み立てている。6カ月分の前払いシステムを構築すると、顧客から6カ月の無担保無利子融資を受けたのと同じであることを理解していたからだ。

システム構築に必要な先行投資は資本で調達するとともに、在庫を持たないビジネスモデルを構築し、会員制的な仕組みによって前受金システムを採用している。同時に、質の良い、時代に合ったサービスを提供することで、お客様を継続的に取り込んでしまっているのだ。

同じような仕組みは、「安全」をキーワードに防犯・防災のビジネ

ススタイルを構築したセコムなどの優良企業にも数多く見受けられる。「前受け・無在庫・継続売上」の仕組みを戦略的に組み立てている企業は継続する条件を生み出しているのである。

(4) Suica もクラブのボトルキープも前受金

実は、楽天やセコムのような仕組みは、日常、いたるところで見受けられる。JR 東日本の発行している「Suica（スイカ）」はどうだろう。顧客側から見ると、供託金を払ってスイカを利用できる権利を手に入れ、自分に必要なお金を前もってチャージしている。

これを企業側から見てみよう。カードの発行コストは事前の供託金で回収し、さらに乗車していないのに 1 万円ほどのチャージという前受金が発生する。最近では乗車代金だけではなく、商品の購入にも利用できるので、使われない限り、何の代金の前受金かは判明しない。ただ、自社の提供する販売・サービス行為よりもはるか前に資金だけは回収しているのだ。

売るより先に資金を回収しているため売上にはならない。したがって、税金もかからない。Suica が利用されてようやく前受金が売上になるのである。

(5) 前受金は「囲い込み戦略」

前受金として受け取ったもののビジネスが発生しなければ、返還しなければならない可能性がある。ただし、ほとんどの前受金は、将来、売上につながる一種の着手金的なものと考えられるだろう。これが「返済の伴わない負債」といわれるゆえんなのだ。

プリペイドカード、商品券、あるいはクラブやスナックのボトルキープ、鉄道会社の回数券、住宅やオフィスの家賃や地代、会員制を採用している場合の会費や会員権、定期購読の雑誌代、駐車場や

駐輪場の予約払い、学校や塾の授業料、購入型（販促型）のクラウドファンディングなど、あらゆるビジネスの形態に前受金方式が採用されている。

　最近では、マイナス金利の影響を受け、百貨店や旅行会社の積立金が脚光を浴びてきた。百貨店の「友の会」では毎月積立方式で、一定期間ごとに商品券を発行している。12カ月積み立てると13カ月分（つまり年8％の利廻り商品）になるわけだ。

　例えば、主な百貨店の「友の会」の現状をまとめると、図表3-6のようになっている。

❖図表3-6❖　百貨店の「友の会」の特典概要

	月々の積立額	特典の内容
高島屋	5,000円〜5万円	12カ月の積立てで1カ月分のボーナス。
大丸松坂屋百貨店	5,000円〜3万円	12カ月の積立てで1カ月分のボーナス。5,000円のみ6カ月の積立てで2,000円分ボーナスのコースもあり。
小田急百貨店	5,000円〜3万円	12カ月の積立てで1カ月分のボーナス。5,000円のみ6カ月の積立てで2,500円分ボーナスのコースもあり。

　考えてみると、前受金方式の採用は、無在庫や継続売上の仕組みにつながっていることがわかる。囲い込み戦略というマーケティングが、まさに継続売上の仕組みづくりにつながり、前受金方式の活用がしやすくなっているというわけだ。

(6)　前受金は「3ない負債」

　医学系の書籍を制作して販売することを考えている企業の例を見てみよう。

出版社という事業スタイルは当初に資金が必要で、図表3-5の上段のルートを辿って資金を回収しなければならない。

　そこで、経営者はもう1つ別のルートを考え出した。制作する予定の書籍のポイントだけをピックアップした実践セミナーの開催である。基本的にセミナー事業は開催日より前に受付を行い、受講料が入金される仕組みだ。まさに前受金システムを活用している。

　このセミナーを撮影したDVDも予約販売することにした。遠方から出席しにくい、あるいは、忙しくて時間が取れないといったお客様のニーズにも応えるためである。もちろん、このDVDの予約販売も前受金の仕組みといえる。

　こうした資金回収の仕組みの異なるルートを構築することで、資金調達の不安を少なくするとともに、コストのかかる無駄な借入金をなくすことにつなげたのだ。

　最近では、購入型（販促型）のクラウドファンディング（CF）が成長してきた。東日本大震災以降に浸透してきたが、最近では、新型コロナウイルス感染症によって影響を受けている小規模な飲食店などを支援するために、購入型のCFが話題を集めている。

　企業側から見ると、この資金は前受金（投資側は前渡金）として処理されることになる。

　前受金とは、金利がかからない、税金がかからない、返済の必要がないという「3ない負債」である。基本的には、お客様からの資金調達であるという理解をしておくことが必要だろう。

　そのためには、企業の信頼感とともに時代にピッタリ合う商品やサービスを提供することが必要不可欠になる。

2 社内預金制度を復活させる

(1) 自社内で行う資金調達

　バブル期を過ぎた頃までは、金融機関には行員向けの特別口座が存在した。自行に預金をすると、一般の預金者よりも0.5〜2％程度、高い金利が設定されていたのだ。ただ、政府による金融機関への資本投入以降は、廃止されることとなった。

　このような仕組みを、日本の大手企業はほとんど活用している。自社の車を買うと割引率が高い自動車会社、自社から自宅を購入すると社員割引が適用される住宅メーカーなど、自社の取り扱う商品やサービスに対してメリットを与えているのだ。

　この手法を資金調達の手段として活用する方法が社内預金制度である。企業は、人間の集団であることは間違いない。取締役であろうが社員であろうが、一緒に何かをやり遂げるために日々活動している仲間だ。

　その集まりが企業という存在のため、顔の見えやすい中小企業ほど仲間意識が強くなる。規模が小さいことで密着度が高まり、関係性が深く、強くなるのである。

　従来からの社内預金制度は、その延長線上にあった。一種の長期雇用が前提になっており、生活と会社が一体で結ばれていたからだ。

　したがって、社員は個人の資金を自社に預けることで中小企業の資金を支え、一方会社は、金融機関の金利率よりも高い利率を設定して社員に報いていたのだ。

　会社は会社、社員は社員というドライな企業や、そうしたタイプの社員が多くいる企業では、社内預金制度は広がらない。基本的に、会社に愛着が持てない仕組みになってしまっているからだろう。

(2) 社内預金制度を活用する A 社の例

　社内預金制度を徹底して活用している A 社の資金調達法を紹介しよう。地方に本社がある小売チェーン店だ。

　基本的な経営方針は、「お客様にできるだけリーズナブルな価格で販売する」という点にある。

　販売単価を抑えるためには、次の算式の中のどこを検討すればよいだろうか。

（売上高 － 変動費） ＝ 限界利益 ＝ （固定費 ＋ 利益）

売上高 ＝ （顧客数 × 頻度数 × 消費量） × 販売単価

算式から見える検討すべき項目は、次の 4 点に絞られる。

---

①　できるだけ良質な商品をリーズナブルな価格で設定することで、顧客数や個数（頻度数）を増やす（ただし、この場合、限界利益率は減少する）。

②　販売単価を下げるために材料や仕入先に依頼してコストの削減を交渉する（ただし、この場合は仕入先などの利益率が減少する）。

③　固定費である設備費や人件費を減少する（ただし、この場合は組織の仕組みを軽量化していく必要がある）。

④　自社の利益をなくす（ただし、この場合は会社の継続が困難になる）。

A社が採用したのは、①と④だ。通常の中小企業が値下げを行う時に考える戦略は、①、②、③の３つが主流となり、その結果として④の利益の確保を考えていく。

　ところが、A社は「いいもの」を「多くの人に」ということから、①の「お客様への浸透」を図りながら、④の「自社の利益をできるだけ少なくする」という戦略を採用したのだ。

　もちろん、②の仕入先との関係について、まったく何もしないというわけではない。互いに win-win の関係を築いていくために、無理をしない範囲でコスト削減もお願いしている。

　③についても、本社機能の合理化を進めたり、各店舗が低い損益分岐点で成り立つような仕組みを構築してきた。ただし、働きやすい環境を整備しているので労働生産性が向上し、利益を生みやすい組織になっている。そのため、利益が生じた場合は決算賞与で社員に報いるような形態を作り出したのだ。

　こうした仕組みは、「社員の幸福を第一義とすることにより、社員はお客様の大切さをより身にしみてわかる」という方針から生まれたものといえるだろう。

　社員が社内預金に応じてくれるのは、このような経営方針や社是を徹底して追求する仕組みがあるからである。単に社内預金の制度を構築しても、会社を信頼しない限り、社員は引き受けてくれない。社内預金制度の仕組みを構築するためには、「何のために自社は存在しているのか」を明確にしておかなければならないということだ。

(3)　協同組合的な仕組みづくり

　A社の資金調達は、設立以来、社内からの直接金融で成り立っている。つまり、金融機関からの借入金は１円もないのだ。

　役員や社員が出資した資本金以外では、社内預金としての社員借

入金だけで調達している。株式会社ではあるものの、協同組合の仕組みに近いスタイルといってもよいだろう。

　そのため、社内預金である社員借入金の金利は、年2〜5％を設定している。A社は、金融機関より社員の方が安定出資者であると考えており、同時に、社員も金融機関に預けるより、A社に預金した方が信頼度が高いと理解している。

　会社と社員が一体となって経営していく場合には、社員が株主になるのが普通だ。もちろん、A社も役員や社員が株主になっているが、A社の場合は株主のメリットはほとんどない。

　なぜなら、利益が発生しないため配当がなく、利益の蓄積ができないため株式価値が増大することがないからだ。

　その代わりに、社内預金に対して年2〜5％の金利が支払われる。3,000万円の出資者なら年間60〜150万円にもなる。この金利はA社が生み出した利益から差し引かれるので、法人税などの節税にもなる。

　さらに、年間3回の賞与が支給される。A社の賞与は一般的な賞与と比べるとかなり高額だ。高額の賞与が払えるのは社員が頑張って利益を生み出したからである。

(4)　社員は経営者 兼 投資家

　高額の賞与が払えるもう1つの理由は、社員が高額の投資（社内預金）をしているからだ。つまり、社員もA社の経営者 兼 投資家的な意識で働いているから事業が成り立つのだ。経営危機になった場合は、賞与がなくなる、社内預金の金利がゼロになる、残業や休日出勤をなくすなどの約束事も決められている。

　A社の経営スタイルは、21世紀型中小企業の経営スタイルの1つといえる。少数精鋭が中小企業のあり方であることを考えると、全

員野球という、こうした経営スタイルを徹底することが精鋭を生み出す教育にもつながっているというわけだ。

　社員から資金を調達するという考え方は、社員持株制度にも見られる。しかし、A社の社内預金制度（社員借入金）は、「徹底した顧客と社員への還元こそが豊かな社会づくりの一助となる」という理念に基づいているのだ。1つのワークシェアリングの形態といってもよいだろう。

(5)　社内預金利子の税務

　所得税法では、社員が受け取る社内預金の利子は、図表3-7のように分離課税としての利子所得とされている。

　つまり、利子を支払う会社が利子から20.315%を差し引いて、残りの79.685%を社員に支払うわけだ。差し引いた20.315%のうち15.315%分は国税として税務署へ、5％は地方税として社員の住所地の市町村に支払われる。これらはすべて会社が処理するので、社員は何もする必要はない。

　ただ、気を付けておかなくてはならないのは、役員が受け取った社内預金の利子だ。この場合は、利子所得ではなく雑所得となる。

　雑所得は総合課税となるため、給与など、その他の所得が多いと超過累進課税率の適用を受け、所得税等が増えてしまう。

　多額の社内預金をしている同族役員以外の役員の場合は、社内預金ではなく、長期の社債を発行して債券を引き受けてもらう方が有利になるかもしれない。

❖図表3-7❖

---

① 利子所得の具体例

利子所得の範囲	具体例
公債の利子	国債・地方債・商工債券などの利子
社債の利子	株式会社の発行する社債の利子（※）
預貯金の利子	金融機関等の預金の利子
貸付金の利子	社内預金の利子
その他、合同運用信託の収益の分配金や公社債投資信託などの収益の分配金など	

（※）社債の利子のうち少人数私募債の利子については、発行する企業の取締役など、一定の要件に該当する場合は雑所得として総合課税の対象になる。

② 雑所得の具体例

雑所得の範囲	具体例
貸付金の利子	会社の役員や労働者の家族などの勤務先預け金の利子
学校債の利子	学校債・組合債の利子
定期積金の利子	定期積金の給付補てん金

3 現代版「頼母子講」を作る

(1) 「グループ金融」は新しい金融システム

「自分たちの活路は自分たちで開こう」という精神のもと、古くから日本に存在していた頼母子講や無尽講などを現代版にアレンジした新しい金融システムを「グループ金融」という。

こうした仕組みは、中小企業が金融機関以外から資金を調達できる手段として期待されている。ただし、融資の判断基準として、実現可能性の高い経営計画の立案や、明確な経営理念、あるいは、経営者自身に信頼があるかなどに重点が置かれることになる。

例えば、農協（JA）グループも一種のグループ金融である。組合員が出資した出資金を元に、次のような事業を行っている。

---

① 信用事業（貯金、貸付、証券業）
② 共済事業（生命保険や損害保険と同様）
③ 経済事業（生産物の販売、肥料・農薬の販売など）

資金調達に関しては、①の信用事業で全国に展開している。

(2) コミュニティクレジットの仕組み

グループ金融より緩やかな制度である「コミュニティクレジット」という仕組みがある。

図表3-8のように、信頼関係のある中小企業15社が共同で出資して信託を組成したのだ。信託会社はまさに地域の資金を地域に還元させることになる。日本政策投資銀行とみなと銀行から借入れを

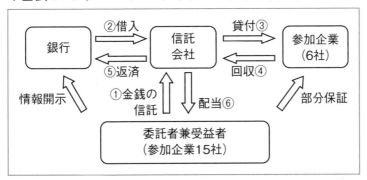

❖図表3-8❖　コミュニティクレジットの流れ

```
                ②借入              貸付③
  ┌─────┐  ─────→  ┌─────┐  ─────→  ┌─────┐
  │ 銀行 │         │信託  │         │参加企業│
  │     │  ←─────  │会社  │  ←─────  │(6社) │
  └─────┘  ⑤返済    └─────┘   回収④    └─────┘
     ↑              ↑  │                 ↑
   情報開示      ①金銭の │ 配当⑥          部分保証
              信託    ↓
         ┌──────────────────────┐
         │   委託者兼受益者        │
         │  (参加企業15社)        │
         └──────────────────────┘
```

行い、参加企業のうちの６社がその信託から融資を受けることができる仕組みが構築されていた。

　ただし、2008年にコミュニティクレジットの仕組みを構築した日本政策投資銀行が株式会社になり、現在はこの仕組みはなくなっている。ただ、こうしたコミュニティクレジット的なシステムは、今後の日本の中小企業を支える金融制度としてはより重要な仕組みといえる。

　江戸時代以前からの「請」の仕組みは、「三方良し」の商人道精神を貫いている地域の中小企業にとっては、21世紀の資金調達を考える場合の非常に参考になるシステムである。まさに地域の助け合いの精神の復活だからだ。地産地消の金融版である。地産地金の入口ともいえるだろう。

❖図表3-9❖　グループ金融とコミュニティクレジットの違い

	グループ金融 （組合金融）	コミュニティ クレジット
特徴	組合や組合役員を担保とした ローン	地域社会の信用を担保にしたノン リコースローン
スキーム	① 組合の理事会が金融事業計 画を策定 ② 組合員は組合へ借入申込み を行う。 ③ 金融委員会の審査を経て、 組合理事会にて貸付決定さ れ、組合が金融機関へ借入れ を申し込む。 ④ 金融機関は組合の事業や金 融ルールの管理・運営力、組 合員の信用力等を審査し、組 合へ貸付 ⑤ 組合は金融機関から調達し た資金を、組合員に貸付 ⑥ 組合員は組合に転貸資金を 返済	① 相互に信頼関係を有する地域 企業等が共同して金銭を信託 ② 銀行は信託と貸付契約を締結 し、信託受益権に担保権設定 ③ 信託は他の参加企業から連帯 保証を受けられる企業に対して のみ貸付を実施 ④ 貸付がすべて返済され、銀行 借入れを完済し、信託財産が委 託者に交付された時点で、コ ミュニティクレジットは終了
コミュニティ の構成	中小企業等協同組合等 相互扶助の精神	任意グループ 自助自立の精神
構成員 の資金拠出	組合に出資	信託に金銭拠出
貸付原資	組合が金融機関から借り入れた 資金を貸付	信託銀行が信託財産と銀行借入れ （信託財産担保）により貸付
貸付先選定	組合が転貸先を募集・選定	コミュニティが推薦
保証等	組合役員保証、転貸先保証等	構成員保証
情報開示	組合が金融機関に対し情報開示	信用調査会社を活用
金融機関 の審査	組合の事業や金融ルールの管 理・運営力、組合員の信用力等 を評価	貸付先企業の内容だけではなく、 コミュニティのモラルや結束姓、 自立性等を判断
貸付先の 調達コスト	組合借入金利（金融機関の調達 コスト＋信用リスクスプレッ ド＋経費）＋組合手数料	信託銀行の調達コスト＋信用リス クスプレッド＋仕組みコスト
その他	確立されたスキームとして、資 金ニーズや組合・組合員の信用 力等に応じ、様々なバリエー ションでの資金調達が可能	アーリーステージのコミュニティ でも、リスクを分散、リスクリ ターンを明確化することで資金調 達を実現

（出典）中小企業白書2003年

(3)　非営利バンクの活用

　コミュニティクレジットと同じような形態として、「NPO バンク」がある。

　これは、地域社会や福祉、環境保全などのための活動を行う NPO 法人や個人などに融資をすることを目的として設立された市民の非営利バンクのことだ。

　特徴として、趣旨に賛同する NPO 法人や個人が組合員となり、1 口数万円単位の出資を行い、それを原資として低利で融資をするというものだ。

　それぞれの NPO バンクにて融資の審査が異なるが、資金調達をする目的が合致する場合は、検討してみるのもいいだろう。

　実践している主な NPO バンクには次のような組織がある。

---

①　**未来バンク（東京）**
　　1994年に設立された日本で最初の NPO バンク。
　　環境に優しい商品を購入される方や環境に優しい事業を営んでいる方に低利で融資を行っている。
②　**女性・市民コミュニティ（神奈川）**
　　神奈川県内で事業を行っている事業者などに融資を行っている（貸出条件：上限1,000万円、最長 5 年、金利1.8～ 3 ％）。
③　**北海道 NPO バンク（北海道）**
　　北海道市民による道民のための市民活動を相互に支援している。

---

4 リスケジュールで資金を生み出す

(1) 「支出を抑える」ことがリスケの特徴

　「リスケ」とは「リスケジュール」の略語である。既存の返済計画を再検討することで債務の返済額を減少させ（つまり、繰延べすること）、資金余剰を生み出す方法のことだ。返済可能額以上に借入金の返済を続けていると、必ず資金ショートという最悪の事態に陥ってしまうからである。

　また、返済するために新たな借入れを行うと、金利を借入れで賄うことになってしまう。金利が実質的に複利となってしまうのだ。その結果、いずれは多重債務者となって、経営が破綻してしまう可能性が高くなる。

　そこで、リスケにより返済計画を見直すという方法がある。支出を抑えられる資金分は、返済金額を毎月調達しているのと同じだ。そのため、リスケ期間内に事業の再生を図るための計画を実行していかなくてはならない。

(2)　リスケ実行までの手順

　リスケを考えた場合のスケジュールを図表3-10の流れに沿ってまとめておこう。

　まずは「①事業計画書・資金繰り表の作成」だ。リスケの場合の計画書については短期計画と中期計画をセットで作成する。当面の1年間は1カ月を一単位として作成する。

　2年目以降からは6カ月を一単位として3カ年から5カ年程度の利益計画や資金計画表などの事業計画書を作成しておかなくてはならない。

①の計画書作りが終わる前に金融機関に簡単な打診をしておく。計画書がまとまれば、速やかに「②金融機関との交渉」に入る。

複数の金融機関から借入れをしている場合は、それぞれの金融機関と交渉していく。

この場合は、メインバンク（最も借入返済額が多い金融機関）から始めていくことが重要になる。

リスケに了解が得られたなら、計画を実行できるように事業を展開し、再生を図ることになる（「③リスケ実行、事業の再生を図る」）。

❖図表3-10❖　リスケのスケジュール

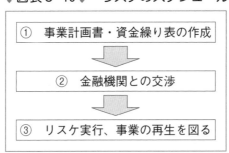

(3)　事業計画書の作成がポイント

金融機関にリスケを実行してもらう最大のポイントは、「リスケを実行すると、その後は今まで通り返済できるようになる」という思いを明確に伝えるということである。その根拠として、事業実行のベースとなる各項目（特に売上計画）を詳細にまとめた前提条件と、その結果もたらされる数値計画である事業計画書を作成しなければならない。

資金計画をベースとした事業計画書は、経営者だけで作成するの

は困難かも知れない。客観性が最も要求されるためだ。したがって、税理士や経営コンサルタントなどの外部の専門家に作成補助の依頼をするのも一考だ。

ただし、金融機関に対して、経営者自らが細かく説明できる数字でないと意味がない。「詳しいことは税理士に聞いてくれ」というような経営者を救済する金融機関は存在しないだろう。いざという時のために、普段から自社の数字を把握しておくことも重要だ。

(4) リスケ実行は事業再生の最終手段

リスケを行った場合、当面の資金繰りは楽になるが、以下のような問題が存在する。

① リスケが終わるまで新規の借入れはほぼ不可能

リスケが実行されると、図表3−11にあるような格付けが下がる。格付けは各金融機関によって異なる。

リスケに該当すると、要注意先や破綻懸念先に該当してしまうだろう。そのため、新規の借入れは当分できなくなると考えて、資金計画を立てておかなければならない。

② リスケは応急措置

リスケは一時的に一部の返済を止める戦略だ。したがって、抜本的な経営改善にはつながらない。さらに、再度のリスケの交渉は難しくなってくるので、その後は真剣に経営改善に取り組む必要がある。「忙しかったからできなかった」という言い訳は通用しない。

③ リスケを実行してくれるかどうかは不明

リスケは権利ではなく、金融機関へのお願いである。依頼をすれ

ば必ず実行してくれるというものではない。まずは、遊休資産の売却や、過剰な生命保険の解約、役員給与の減額など、自社が対応しなければならないあらゆる方法を行って、それらを計画に織り込むことは必要最低条件になる。

④　リスケはプレゼンテーション

　金融機関が企業に資金を貸し出すということは、金利を付けて約束通り返済してもらうという前提があるからだ。したがって、リスケを行うことでこの前提がしっかり守れるというスタンスでしっかりプレゼンテーションを行わなくてはならない。

❖図表3-11❖　金融機関が融資を行う際の目安

債務者の区分	状態の目安
正常先	業績が良好で、財務内容にも問題がない企業 （経営者個人の資産状況なども含めて考えられる。）
要注意先	金利を下げたなど、貸出条件に問題がある企業
破綻懸念先	債務超過であり、今後経営破綻する可能性が高い企業や、借入金の返済が滞っている企業
実質破綻先	再建の見通しが立たないほど、経営難に陥っている企業
破綻先	破産、民事再生等、法的に経営破綻となっている企業や、廃業などにより、形式的に経営破綻している企業

5 既存の借入金を一本化する

(1) 一本化する５つのメリット

　中小企業では、金融機関からその場限りの資金調達をしていることが多く、複数の借入れをしているケースがある。

　こうしたケースでは、金融機関と交渉してできるだけ一本化を図るべきだ。

　主な一本化のメリットを５点ほどあげておこう。

---

① 　返済期日をまとめることで資金管理がしやすくなる。
② 　低金利の時代だけに、金利交渉を行って全体の借入金利を低率で一本化しやすくなる。
③ 　いくつかある返済のうち、返済期日が最長分で一本化すると資金繰り計画が立てやすくなる。
④ 　設備資金と運転資金としての二本化にすることで、返済方法をまとめることができる。
⑤ 　毎月の返済額と（予想利益＋減価償却費）を比較することで、全体の借入金の返済計画が立てやすくなる。

---

(2) なぜ借換えが資金調達なのか

　下記のようなケースは、利益は生じているが、資金は毎月ショートしていく。さらに、利益が生じているため法人税等の納税資金も必要となっている。

```
【現　　状】
  経常利益：100万円／月（別途、減価償却費10万円）
  借入返済　Ａ行：　50万円／月　残1,000万円（20カ月）
　　　　　　Ｂ行：　80万円／月　残　800万円（10カ月）
　　　　　　計：130万円／月　残1,800万円
  毎月の資金の動き（キャッシュフロー）
　　　　（100万円 ＋ 10万円）－ 130万円 ＝ ▲20万円
```

```
【借　換　後】
  経常利益：100万円／月（別途、減価償却費10万円）
  借入返済　Ａ行：　　50万円／月　残1,800万円（36カ月）
  毎月の資金の動き
　　　　（100万円 ＋ 10万円）－ 50万円 ＝ 60万円
```

　このように、Ａ行に一本化して返済期間を延ばすことでキャッシュフローはマイナスからプラスに転じることになる。将来の新たな借入れをしなくても済むようになるわけだ。

(3)　借換え交渉の順序

　借り換えるためには、金融機関と交渉することになる。

　「現状の事業計画をシミュレーションしてみたが、このままでは新たな資金調達が必要となる。借入金を一本化できれば、キャッシュフローは良好になる」という点をしっかり強調する必要がある。

　金融機関から見れば、貸出先である中小企業は、利息を払ってくれるお客様だ。貸付の回収が滞るのはもちろん、貸付が回収できな

くなるのは、金融機関にとっては死活問題につながる。現在の金融機関が対応を拒否するようなら、他の金融機関に相談を持ちかけることも事前に検討しておくべきだろう。

そのためには当然のことだが、1年間の詳細な月次利益計画と資金計画、及び返済完了時までの年次事業計画書が必要だ。また、会社の業績が良好ならば、新たな銀行に一本化することも考えられる。

この場合は、新たな担保の設定などによるコスト負担が発生する可能性もあるので、こうしたコストもシミュレーションに盛り込んでおくことが望まれる。

(4) 制度融資を利用する

借換えを行う場合には、図表3-12のような公的な制度融資も存在する。

借換えを考える前に本店所在地のある都道府県や市区町村のホームページなどから情報を収集しておくことが必要である。

2020年に新型コロナウイルス感染症対策として、3〜5年間据え置き、3〜5年間金利0、保証料0、担保なし、連帯保証人なしという緊急対応、一時的な制度融資が実行されている。少なくとも3年間についてはコスト0の資金が自由に使えるため、3ヵ年計画をまとめて資金の活用幅を広げておくのも一考だろう。この場合は、もちろん返済が始まった以降の3ヵ年計画も必要になる。

❖図表3-12❖　制度融資の具体例（東京都中小企業制度融資のケース）

◆小規模特別（事業一般）

1	資金使途	運転資金・設備資金
2	融資限度額	8,000万円
3	融資期間	運転資金７年以内（据置期間６カ月以内を含む） 設備資金10年以内（据置期間６カ月以内を含む）
4	融資利率 （年　率）	固定2.1%以内〜2.7%以内、又は変動 （責任共有制度対象外となる場合は 　　　　　固定1.9%以内〜2.5%以内、又は変動）
5	返済方法	分割返済（元金据置期間は６カ月以内）。 ただし融資期間が６カ月以内の場合は一括返済とすることができる。
6	信用保証	保証協会の信用保証が必要
7	信用保証料	保証協会の定めるところによる。
8	保証人	連帯保証人 　法人…代表者個人 　個人事業者…原則として不要 　組合…原則として代表理事
9	物的担保	この融資の保証を含めて、保証合計残高が8,000万円を超える場合は、原則として必要

（※）詳細は東京都産業労働局のホームページ
　　（https://www.sangyo-rodo.metro.tokyo.lg.jp/）を参照。

6 ビジネスローンを活用する

(1) ビジネスローンの特徴

　ビジネスローンや事業ローンは、銀行や信用金庫、あるいは消費者金融などの融資システムだ。事業を開始した後の運転資金の調達の際に利用されている。

　最大の特徴は審査スピードの速さだ。これは申込みの際の必要書類が少なく、無担保無保証人で、かつ、審査そのものも優先して行われるので、結果が早く出る。書類が到着すると最短1日で審査結果が出るので、突然の事業資金に対応しやすい制度といえるだろう。

　その代わり、金利が高く設定されているため、高額な資金や長期の融資などには向いていない。急いでいるため、公的資金などの調達が難しい場合に活用するものだ。

　ビジネスローンは大きく分けると、銀行系とノンバンク系の2つがある。以前はそれぞれ特徴があったが、現在では大きな違いが見られなくなっている。

(2) 一般的な融資との比較

　銀行の一般的な融資とビジネスローンとの違いをみてみよう。
　図表3-13のようにかなりの相違点がある。
　通常は金利が低く、返済期間の長い一般的な融資を選んだ方がよいのだが、提出書類の準備や審査日数に時間を取られるため、融資の実行は遅くなりがちだ。

	一般的な融資		ビジネスローン	
金利	○	比較的低い。	×	基本的に高い。
担保	×	大半は必要	○	まったく不要
保証人	×	大半は必要	○	第三者保証は不要の場合が多い。
返済期間	○	元本の返済猶予を受けられるものもある。	×	最長10年程度だが、短期のものが多い。
審査日数	×	1カ月以上の場合もあって遅い。	○	即日もあって早い。
提出書類	×	決算書、試算表、謄本、印鑑証明等（多め）	○	事業等を証明できる書類等（少なめ）

(3)　銀行のビジネスローンの特徴と比較

　銀行のビジネスローンの特徴をまとめると次のようになる。

---

① 　融資額が比較的大きく、対象は法人となるため、申込みの時に3期分の決算書が必要になる。

② 　ビジネスローンの中で最も金利が低いのは銀行で、融資期限は1カ月から5年以内である。

③ 　最新決算書で債務超過の場合は申込みができない。

④ 　申込みは電話か窓口だが、ビジネスローンを利用する旨の連絡をして、書類を持参すると早く結論が出る。

⑷ ビジネスローンの活用方法

① 担保も保証人もない

　ビジネスローンの最大のメリットは無担保・無保証人だが、経営者本人の保証は必要になる。

　担保資産がないケースなどは使いやすい。

② 至急の資金が必要

　買掛代金の支払いや、従業員への給料の支払いなど、今後の経営に影響を及ぼす可能性のある資金需要に対応できる。

③ 短期間だけ必要

　得意先などからの入金予定が遅れてしまった場合における短期間のつなぎ融資としては効果的といえる。

⑸ ビジネスローンの問題点

　利便性がよいのがビジネスローンの特徴だが、次のような問題点がある。借入れを行う場合には細心の注意が必要となるだろう。

① 金利が高い

　一般的な融資より金利が高めに設定されている。そのため、借入期間が長いと利息が増え、本業に影響を及ぼす可能性が生じる。

　また、ビジネスローンの返済のために再度ビジネスローンで資金調達をするなど、借入れを繰り返すと借入総額に金利も含まれてしまい、雪だるま式に増加してしまう。

　したがって、借入れを行う際には無理のない返済プランを考えておかなければならない。

② 貸金業者の選定

　ノンバンク系のビジネスローンの場合は、貸金業者の登録があるかどうかのチェックをする必要がある。

　正しく登録している場合には必ず「〇〇財務局長（〇）第〇〇号」という登録番号が付与されている。貸金業者の会社情報にこの登録番号が記載されていない場合は、闇金融（ヤミ金）である可能性が高いため、他の貸金業者を選定する方がよいだろう。

　また、その貸金業者が正しく登録されているかどうかは、金融庁のホームページで調べることができる。

❖図表3-14❖　登録貸金業者情報検索入力ページ

（出典）金融庁ホームページ
　　　https://clearing.fsa.go.jp/kashikin/

動産・債権担保で調達する

(1) 融資実行までの流れ

　売掛債権や動産を担保にして金融機関から融資を受けることができる。一般的な手続きは図表3-15のようになるが、まずは、融資先である金融機関に相談してみることだ。

❖図表3-15❖　融資までのスケジュール

① 融資の申込み（会社概要・財務諸表・資産の状況説明書）

② 貸し手による審査（売掛先や在庫のチェック）

③ 担保にする資産の評価

　担保とされる資産については取引先との契約資料や実物の確認により調査する。また外部の調査会社によって資産の評価が行われる場合もある。

④ 融資契約（貸し手―借り手）

⑤ 担保資産の登記

⑥ 融資実行

※資産の査定があるので、通常の融資より時間がかかる。

(2) 動産・債権担保融資の2つの注意点

　在庫や設備などの動産や債権を担保とした融資の場合には、次の2点に注意しておく必要がある。

① 契約形態

　貸し手と借り手の2社間の契約の他に、複数の貸し手が共同で融資を行う契約や、信用保証協会が借り手の保証をする制度融資もある。したがって、自社はどういう形態を採るのがベターなのかを選択しておかなくてはならない。

② 譲渡登記

　第三者に対抗するため、売掛債権や動産については譲渡の登記がされる。譲渡をすることで所有権は移る。ただ、図表3-16のように、実質的に借り手に帰属するなど一定の要件を満たせば、形式的な譲渡として、税務上、譲渡はなかったものとみなされる。

❖図表3-16❖　債権譲渡の法律条項

借り手	貸し手	備考
―	所有権	資産担保の譲渡契約による。
占　有	―	生産活動への利用、取引先への販売、売掛回収金の利用が可能
帳簿上の資産計上	―	会計（税務）上の所有者 保有・維持に必要な諸費用も借り手の負担となる。

⑶ 流動資産担保融資保証制度

　流動資産担保融資保証（ABL 保証）は、企業が保有している在庫や売掛債権を担保として金融機関が融資を行う際に、信用保証協会が債務保証（融資額の80％まで）を行う制度のことである。

　今までのように不動産担保や保証人に依存することなく、売掛債権や棚卸資産を譲渡担保として差し入れることで資金調達ができるわけだ。

　なお、借り手は、担保としている売掛債権残高や棚卸資産の数量などを３カ月に１回以上、貸し手に報告する必要がある。

❖図表３-17❖　流動資産担保融資保証制度の仕組み

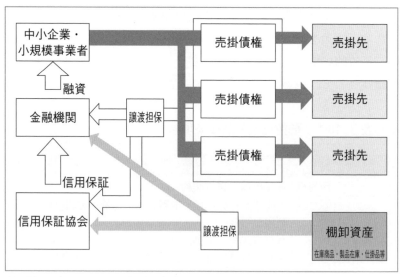

（出典）一般社団法人　全国信用保証協会連合会ホームページ

❖図表3-18❖　資金が手元に入るまでの違い

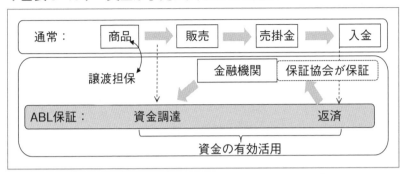

❖図表3-19❖　流動資産担保融資保証制度の概要

保証形態	根保証　又は　個別保証
保証期間	根保証：1年間（延長あり） 個別保証：1年以内
保 証 人	個人：不要 法人：代表者

❖図表3-20❖　担保資産による相違点

担保	売掛債権	棚卸資産
具体的内容	売掛金債権 工事請負代金債権	仕入商品・製品 原材料・仕掛品・貯蔵品（※）
対象	法人・個人	法人のみ
対抗要件の具備	債権譲渡登記 （法人のみ）	動産譲渡登記 （法人のみ）
融資限度額	70～100% （販売先の信用力や 対抗要件による）	30% （第三者による客観的評価証明 があれば最大70%）

（※）　不動産会社が商品として所有している不動産は、棚卸資産としての担保にすることはできない。

8 契約者貸付制度を活かす

(1) 突然の資金需要の発生

　生命保険会社に預けている保険料積立金をまったく変更させずに
簡単に資金を生み出す方法がある。具体的に理解しやすいように、
内装会社Ｐ社の事例をあげてみよう。

　Ｐ社は設立して７年目になる。２年目から複数のビル経営会社や
中堅の内装工事会社との請負契約を締結することができた。ビル不
況後も業績は悪化しているものの、何とか利益体質は維持している。

　ところが、顧客の１社である中堅の内装工事会社が突然不渡りを
出してしまった。Ｐ社は、外注先とは完成月の翌月10日に現金で一
括払いの契約をしている。外注先のほとんどが大工や左官業者、あ
るいは工務店への支払いだからだ。

　日本の中小企業の外注費はほとんどが外注先の人件費である。さ
らに、こうした外注先は常に一定の仕事を確保することによって優
先的に仕事に取り組んでもらえる。つまり、中小企業の場合は、外
注費といっても変動費ではなく人件費の一種といってもよいだろう。

(2) 養老保険という資産の価値評価

　Ｐ社は早急に下請けに支払う外注費1,000万円の手配をしなけれ
ばならなくなった。金融機関から調達するには時間と手間がかか
る。その上、銀行借入れについては、社長の自宅を担保として提供
しており、担保価値もかなり下がってしまっている。

　Ｐ社のバランスシート上で目についたのが保険料積立金だ。内容
をチェックしてみると、10年満期型の養老保険だった。Ｐ社自体が
契約者で、役員や従業員を被保険者とする養老保険である（図表３-

21）。

　養老保険とは、被保険者の死亡、又は生存を保険事項とし、そこに傷害保険等の特約が付されている生命保険のことだ。福利厚生と節税の二面から中小企業では比較的多く活用されている。

　その理由は、

---

　①　役員や社員の死亡退職金や弔慰金が確保できること。
　②　怪我や病気の際の入院、手術などの入金給付金といった臨時的資金負担にも対応できること。
　③　死亡保険金の受取人が被保険者の遺族で、生存（満期）保険金の受取人が会社ならば、支払った保険料のうち主契約保険料の50％が損金に算入できる。

などのメリットがあるからだ。

　ただ、注意しておくポイントがある。特定の人だけ（例えば、同族の役員だけなど）を加入対象としていると、税務上は保険料ではなく給与（役員報酬）として取り扱われるため、源泉所得税の対象になってしまうということだ。

(3) 保険解約による問題点

　P社のバランスシートにあった保険料積立金とは、図表3-21の養老保険の主契約保険料の50％部分である。

　社員数8人、平均年齢30歳で、1人当たり500万円の養老保険で、年間の保険料は330万円になる。つまり、このうちの165万円が損金に算入されて、残りが保険料積立金として資産計上されていたのだ。

　黒字基調となった3年目に加入したため、すでに5年分の加入実

績がある。保険料積立金も825万円となっていた。この養老保険をいったん取り崩すと1,705万円の解約返戻金が入金されてくる計算になる。つまり、当面必要な1,000万円を調達できるのだ。

❖図表3-21❖　P社の養老保険の内容

保険の種類：養老保険（10年満期型、無配当）
保　険　金：男性社員8名（平均年齢30歳、各500万円）
保　険　料：年払い（330万円）
契約形態：契約者/P社、被保険者/役員・社員全員
　　　　　　死亡保険金受取人（役員・社員の遺族）
　　　　　　満期保険金受取人（P社）

(単位：万円)

経過年数	A 保険料累計	B 損金計上累計	C 資産計上累計	D 解約返戻金	E 貸付限度額（D×80%）	外部留保率（E÷C）
1年	330	165	165	246	197	119.4%（32）
2年	660	330	330	594	475	143.9%（145）
3年	990	495	495	946	757	152.9%（262）
4年	1,320	660	660	1,317	1,054	159.7%（394）
5年	1,650	825	825	1,705	1,364	165.3%（539）

　ところが、P社の経営は今後も継続して利益を確保することができる。その上、取り崩すことで880万円の保険料積立金解約益が生じ、280万円程の納税が発生してしまう。それ以上に、設立以来、P社で頑張ってくれている社員の万が一に対応するための養老保険を解約することには抵抗があった。

⑷　すぐに資金化できる契約者貸付制度の活用

　そこで利用したのが契約者貸付制度だ。契約者貸付制度とは、確定している解約返戻金を活用しながら、保険契約を維持していく仕組みである。つまり、解約返戻金の70〜90％までの資金が自由に使えるというわけだ。

　図表3-21に見るように、5年目の解約返戻金は1,705万円、その80％にあたる1,364万円がすぐに資金化できる金額だ（5年目とは、正確には4年と1日後のことをいう）。

　なお、ここでいう「すぐに」とは、厳密には4〜5日のことである。次のように手続きが簡単なためだ。

①　必要書類を記入する

　必要書類は、㈠契約者貸付申込書、㈡印鑑証明書（発行後3カ月以内）、㈢保険証券の3点だけである（保険会社によって多少異なる）。

②　保険会社の担当者に渡す

　担当者に渡すと本社に送られる。3〜4日で決裁手続きが完了するので、4〜5日のうちに現金が振り込まれてくる（この場合は、金銭消費貸借契約書の収入印紙代が差し引かれる）。振り込まれた日が借入日となるわけだ。

　保険料積立金は一種の外部留保している資金と考えればよいだろう。P社の養老保険のケースでみると、いざとなれば4〜5日で保険料積立金の65％に当たる539万円が保険料積立金にプラスされて資金を生み出すことができるからだ。

(5)　３つの特徴を活かす

　契約者貸付制度には次のように３つの特徴がある。

①　返済条件がない

　Ｐ社のケースなら、満期日である５年後（つまり契約から10年後）に一括して精算するか、余裕ができればそれ以前に返済すればよい。もちろん、満期日の一括返済とは、満期保険金から借入金を差し引いて支払われることとなる。

②　金利の計算が、金融機関の基本レートとまったく関連しない

　金融機関は長プラや短プラを利用するが、保険会社は保険の運用利率にだけフィットさせている。

　運用利率が高ければ金利も高くなるが、だいたい運用利率と金利率の差は0.5〜２％程度だ。ちなみに、昨今のように保険の運用収益が悪化している時代では当然、運用利率が低く、したがって、金利も低い状況で推移している。ちなみに、2014年以降の契約では年平均は２〜３％となっている（各保険会社でレートは若干違う）。

③　金利率は保険を契約した日の金利率で固定される

　今後、運用利率が高まり、その結果、契約者貸付制度による借入金利率が上昇しても、あくまでも保険を契約した日の運用利率をベースにした金利率が維持されることになる。現在のような低い運用利率の時に契約した保険ならば、いつでも低い金利率が適用される。

9 企業継承の資金を作る

(1) 企業継承に資金が必要な4つの理由

　企業継承を行う場合には、後継者が会社の経営権を確保するために、会社や後継者本人は次のような資金が必要になってくる。

> ①　会社が、後継者や他の相続人などから自社株式や事業用資産などを買い取るための資金
> ②　会社が、経営者交代による信用低下に伴う資金繰り悪化などに対応するための資金
> ③　後継者が、相続等で分散した自社株式や事業用資産などを買い取るための資金
> ④　後継者が、先代から自社株式や事業用資産などを相続や贈与によって取得した場合に必要な相続税や贈与税の納税資金

　会社が金融支援を受けられるケースについてまとめていこう。

(2) 金融支援を受けられるケース

　従来、「経営承継円滑化法」による金融支援を受けるための窓口は経済産業省だったが、2017年4月1日から都道府県に変更になった。都道府県知事に対する申請は、次の事由のいずれかに該当していることが必要になる。

① 会社や後継者が、その会社の株式や事業資産などを取得する必要があること。
② 先代経営者の死亡や退任後の３カ月間の売上高などが、前年同期の３カ月間と比較して80％以下に減少することが見込まれること。
③ 仕入先からの仕入れに係る取引条件について、不利益となる変更又は設定が行われたこと。
④ 取引先金融機関からの借入れに係る返済方法、借入条件の悪化など取引先金融機関との取引に支障が生じたこと。
⑤ 後継者が、相続や贈与などにより取得した会社の株式や事業用資産などに係る多額の相続税や贈与税を納付することが見込まれること。
⑥ その他一定の事由

(3) 金融支援の２つの種類

経営承継円滑化法による金融支援には、次の２つがある。

① 中小企業信用保険法の特例（信用保証協会の保証）
② 株式会社日本政策金融公庫等の特例

①の信用保証協会とは、金融機関からの借入れが厳しい中小企業などの保証人の役割を果たしてくれる公的機関だ。金融機関は、信用保証協会の保証により貸出リスクを軽減できるため、中小企業に対する融資を積極的に行うことになる。

中小企業は、中小企業信用保険法の規定により普通保険（限度額
２億円）、無担保保険（同8,000万円）、特別小口保険（同2,000万円）
を受けられる制度がある。特例の認定を受けた中小企業は、通常の
保険枠以外にその倍額まで活用することができるようになった。
　②の日本政策金融公庫等の対象者は、中小企業又は個人事業主に
限られ、中小企業の代表者個人に対しては融資することはできな
かった。しかし、経営承継円滑化法に規定されている日本政策金融
公庫法等の特例により、代表者個人も融資先の対象者に加えられた。
　この場合の代表者個人とは、認定を受けた中小企業（会社）の経
営者である（個人事業主の場合は、本特例がなくても株式会社日本
政策金融公庫等から融資を受けることができる）。

❖図表３-22❖　金融支援の申請の流れ

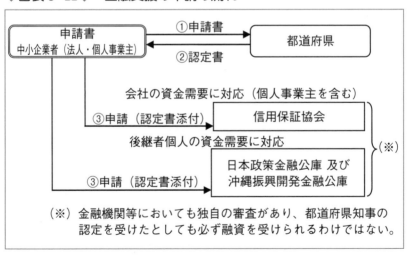

10 公的融資制度を選択する

(1) ３つある公的融資制度

　公的融資制度とは一般の金融機関からの融資ではなく、国や地方公共団体などから資金を調達する仕組みのことである。

　大きく分けると次の３つのパターンに分類できるだろう。

---

① 　政府系金融機関からの融資

② 　地方公共団体からの制度融資

③ 　信用保証協会の保証融資

---

(2) 政府系金融機関の種類

　「政府系金融機関」とは、株式会社ではあるが、株式のすべてを国が保有している金融機関のことをいい、日本政策金融公庫と商工組合中央金庫の２つが存在している。いずれも2008年の行政改革によって従来の国民生活金融公庫などが合併して誕生した金融機関だ。

　日本政策金融公庫の中で、中小企業に関係する融資制度を図表３-23にピックアップしておいた。対象者が広く、運転資金でも融資限度額が高いという点が最大のポイントといえるだろう。

　一方、商工組合中央金庫は、日本政策金融公庫よりも借入期間が長期だが（図表３-24）、貸付対象を中小企業等協同組合などの中小企業団体及びその構成員に限定している。

❖図表3-23❖　日本政策金融公庫の融資内容

普通融資

対象者（概要）	資金用途	融資限度（万円）	融資期間（据置）
金融業、投機的事業、一部の遊興娯楽業等の業種を除く、すべての中小企業	運転	4,800	5年以内（1年）
	設備		10年以内（2年）
	特定設備	7,200	20年以内（2年）

マル経融資（小規模事業者経営改善資金）無担保、無保証人

対象者（概要）	資金用途	融資限度（万円）	融資期間（据置）
商工会議所や商工会の指導済み小規模事業者	運転資金	2,000	7年以内（1年）
	設備資金		10年以内（2年）

（※）この他に特別貸付や災害貸付などがある。
　　なお、中小企業に該当するかについては業種別に資本金基準と従業員基準がある。

❖図表3-24❖　商工組合中央金庫の融資内容

資金用途	融資期間（うち据置期間）	返済方法
設備資金	原則15年以内（2年以内）	分割返済又は期限一時返済
運転資金	原則10年以内（2年以内）	

（※）その他、国の施策と連携した融資や総合支援策に基づく融資などがある。

(3)　地方公共団体による制度融資

　「地方公共団体からの制度融資」とは、都道府県・市区町村が独自に設けている制度融資であり、金利や利子補給などの優遇制度がある。融資の内容については、各地方公共団体により異なるが、創業支援や資金繰り改善などが中心だ。

申込方法は各地方公共団体により異なるが、一般的には図表３−25のとおりだ。

❖図表３-25❖　一般的な申込手続きの流れ（役所窓口の場合）

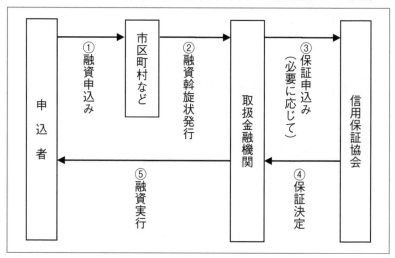

(4)　信用保証協会の保証融資

　「信用保証協会の保証融資」は、信用保証協会から直接融資などを受けるものではない。しかし、中小企業が信用保証協会に一定の保証料を支払うことにより、民間金融機関からの借入時の保証人の役割を果たしてくれる制度だ。

　金融機関にとっては何のリスクも負わないので、積極的に進めるはずである。保証手続きは、基本的には、保証協会の審査がポイントになるが、金融機関が事前にしっかり検証する。

① 金融機関経由又は直接に保証協会に保証を申し込む。
② 申込後、保証協会が中小企業を審査する。
③ 審査の結果、保証協会が保証承諾を行う場合は「信用保証書」を金融機関に送付する。
④ 「信用保証書」の条件に従って、金融機関より融資が実行される。この時、所定の信用保証料を金融機関経由で保証協会に支払うことになる。

❖図表3-26❖　保証手続きの流れ

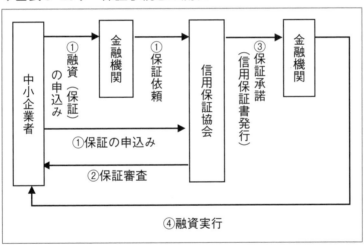

　2020年の新型コロナウイルス感染症対策として政府が実行した融資枠の拡大や無担保、無金利（3～5年）、元金据置（5年）などは、政府系金融機関の2行を中心にした地方公共団体や信用保証協会の活用である。審査が不十分なだけに、今後の日本財政に大きな影響を及ぼす可能性が高いといわれている。

11 少人数私募債を発行する

(1) 少人数私募債は社債の一種

　中小企業が比較的手軽に活用できる資金調達の１つに、少人数私募債を発行する方法がある。少人数私募債とは社債の一種だ。

　社債とは、①株式会社などが、②債券を発行して、③資本市場にいる、④多数の人々から、⑤比較的長期間にわたって、⑥多額の、⑦資金を調達するために行う一手法である。

　会社は、社債券という有価証券を発行することで資金を調達し、社債券の償還期に元金を償還する。簡単にいってしまえば、返済の据置期間が長く、返済時期に一括して支払う長期債務といえるだろう。

❖図表３-27❖　社債の特徴

①	株式会社などが	（株式会社以外も認められている）
②	債券発行の方法により	（社債券を発行して引き受けてもらう）
③	一般の資本市場に存在する	（日本だけではなく世界中が市場）
④	数多くの個人や法人から	（不特定多数の会社や個人が投資家）
⑤	比較的長期にわたって	（３〜10年ぐらいの償還期間）
⑥	多額の	（設備資金などの調達が多いため）
⑦	資金を調達する手段	（これがポイント）

　社債を発行するに当たり、償還までの期間が長いほど発行金利が高くなる傾向がある。これは、多少資金調達コストを多く払っても、現在の低金利の環境のうちに長期の資金調達を行っておくと、将来

金利が上昇した後で資金調達するより、全体としてはコストを抑えられると考えられるためだ。

(2) 公募と私募はどう違うのか

上場会社の発行する社債の募集方法はほとんどが公募であり、発行市場も国内、国外を問わない。幅広く募集するためにプロフェッショナルである証券会社などに依頼して投資家を集める。

そのため、財務省への通知書から有価証券届出書、さらには目論見書の作成や提出など様々な発行手続きが必要となる。発行条件などの規制も多く、発行に係るイニシャルコストも多額になる。

通常100億円の社債発行に対して、発行をサポートする証券会社への手数料だけでも4,000万円以上にもなる。つまり、中小企業では時間も手間もコストもかかりすぎるということだ。

それでは、お勧めする少人数私募債とはどういう社債なのだろうか。ポイントは、上場会社の発行するような公募債ではなく、私募債であるという点だ。

公募債と私募債の違いは、金融商品取引法上で発行する社債の引受人数によって定められている。基本的には、不特定多数の一般投資家を対象とした社債を公募債といい、特定少数の投資家を対象とした社債を私募債という。

(3) 「特定」される投資家の範囲

ここでいう「特定」と「少数」に私募債の特徴がある。「特定」とは、投資家となる社債の引受人は発行する中小企業の関係者であるということだ。

「関係者」とは、発行会社の取締役や社員、その親族、あるいは、発行する会社の利害関係者や経営者、あるいは知人、友人などとい

われている。

　ただ、この利害関係者からは、金融機関などの金融のプロは除外しておく必要がある。私募債であっても金融機関が引受人になると目論見書などの作成などが必要となってしまうためだ。

　では、金融機関で働いている個人もダメなのだろうか。あくまでも金融機関という組織が金融のプロに当たるため、金融マン個人は、この金融のプロには該当しない。

❖図表3-28❖　社債の分類

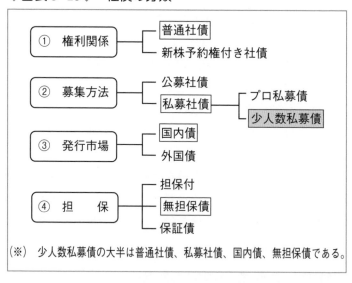

（※）　少人数私募債の大半は普通社債、私募社債、国内債、無担保債である。

　少人数私募債が「縁故債」と称されるのは、この「特定」に意味がある。考えてみれば、日本国の発行する国債も実態面から見ると、「縁故者」に近いのかもしれない。国債所有者の大半は日本銀行や金融機関などという身近な利害関係者ばかりだからだ。

⑷ 「少数」は49人（社）が分岐点

　私募債のもう１つの特徴といえる「少数」とは、社債の購入者数が50人未満だということである。50人未満なので49人が上限だ。49人といっても、会社が引き受けることもできるので、49人（社）といった方が正確だろう。

　50人以上になると、金商法上の募集行為（つまり、公募）となる。したがって、有価証券届出書を作成して提出するという面倒な事務手続きに時間と資金が奪われてしまう。

　この49人（社）の枠は、６カ月単位で判定される。つまり、４月１日に発行した社債の引受人が49人（社）だとすると、６カ月を経過した10月１日に新しく発行した社債の引受人も新たに49人（社）までは認められるということだ。

　もちろん、４月１日に発行した社債の引受人が20人（社）だとすると、49人（社）との差である29人（社）まではいつでも同一条件の社債を発行することができる。図表３-29は少人数私募債の発行要件なので、参考にしてほしい。

　なお、従来は株式会社しか発行が認められていなかったが、現在の会社法では、取締役会を設置しない株式会社、特例有限会社、合資会社、合名会社、合同会社でも社債の発行ができることになっている。

❖図表3-29❖　少人数私募債の発行要件

> ① 　社債を購入する投資家の人数は49人（社）以下であること。
>
> 　　50人（社）以上になると、金商法上の募集行為となり、有価証券届出書の提出が必要となる。この49人（社）の枠は常時6カ月単位で判断することとされている。

> ② 　社債の1口の最低金額が、発行総額の50分の1より大きいこと。
>
> 　　社債1口の単位が発行総額の50分の1以下であると社債を管理するための社債管理会社が必要となる。「50分の1より大きい」とは、例えば、1口200万円だとすると、発行総額は9,800万円（200万円×49）以下でないとダメだということだ。

> ③ 　社債の引受人（投資家）は発行会社の関係者で、かつ、
> 　　　　　　　　　　　　　　　　　金融のプロがいないこと。
>
> 　　投資家の中に銀行や証券会社などの金融のプロと呼ばれる金融機関が入ると、事前に目論見書などを作成する義務が生じてしまう。

> ④ 　特定者に対する勧誘だけではなく、引受後も不特定多数の
> 　　　　　　　　　　　　　投資家に譲渡されるおそれがないこと。
>
> 　　償還期限までの途中で、特定者以外や金融機関などの第三者に譲渡されると、上記の①～③に該当しなくなる可能性がある。それを防ぐ手立てが必要として、定款に譲渡制限を付するなどの措置も必要だ。

---

12 特定社債保証制度を使う

(1) 特定社債保障制度の特徴と保証基準

　特定社債保証制度は、中小企業が発行する社債を保証協会が保証する制度で、次のような4つの特徴がある。

---

①　保証期間が2年以上7年以内で、返済方法は満期一括償還、又は定時償還（6カ月ごと）が選択できるため、長期の安定した資金を計画的に調達することができる。

②　経営者の個人保証や第三者保証の必要がない。

③　一定の基準を満たした会社に限られるので、この制度の適用を受けた企業の評価の高まりが期待できる。

④　資本市場への入口として活用し、株式上場に向けての第一歩としても活用できる。

　保証協会が保証する社債発行会社は、一定の基準を満たしておかなくてはならない。一定の基準とは、図表3-30の①必須要件を満たす中小企業で、②ストック要件のいずれかを満たし、かつ③フロー要件のいずれかを満たす会社のことだ。

❖図表３-30❖ 特定社債制度の３つの要件

① 必須要件

項目		A	B	C
(イ)	純資産額	5,000万円以上 3億円未満	3億円以上 5億円未満	5億円以上

② ストック要件（どちらか１つを満たせばOK）

項目		A	B	C
(ロ)	純資産（自己資本）比率	20％以上	20％以上	15％以上
(ハ)	純資産倍率	2.0倍以上	1.5倍以上	1.5倍以上

③ フロー要件（どちらか１つを満たせばOK）

項目		A	B	C
(ニ)	使用総資本事業利益率	10％以上	10％以上	5％以上
(ホ)	インタレスト・カバレッジ・レシオ	2.0倍以上	1.5倍以上	1.0倍以上

（出典）東京信用保証協会ホームページ

(2) 一定の要件における財務指標の算出方法

(イ) 純資産額（単位：円）

　会社が集めた資本金と過去の利益の蓄積額で、解散をしない限り返済しなくてもよいものである。

【算式】資本金を含む貸借対照表の純資産（従来の資本）の合計

㈠ 純資産（自己資本）比率（単位：%）

　総資産全体の中で返済しなくてもよい純資産（資本）の割合がどのくらいかにより、潰れにくい会社かどうかを検証する。

$$【算式】 \quad \frac{純資産の額}{総資産の額（貸借対照表の資産の合計）} \times 100$$

㈥ 純資産倍率（単位：倍）

　会社が集めた資本金等の何倍の純資産総額があるかにより、潰れにくい会社かどうかを検証する。

$$【算式】 \quad \frac{純資産の額}{資本金 ＋ 資本剰余金}$$

㈡ 使用総資本事業利益率（単位：%）

　事業に投入したすべての資産が効率よく利益を生み出しているかを検証する。

$$【算式】 \quad \frac{営業利益 ＋ 受取利息 ＋ 受取配当金}{総資産の額} \times 100$$

㈠ インタレスト・カバレッジ・レシオ（単位：倍）

会社の負担する利息の支払い能力を検証する。

【算式】　$\dfrac{\text{営業利益 ＋ 受取利息 ＋ 受取配当金}}{\text{支払利息 ＋ 割引料（手形売却損）}}$

---

(3)　保証の要件――発行額の80％が限度

社債発行の保証要件は図表3-31のとおりである。発行額の80％が限度となり、保証金額が2億円を超えると担保が必要となってくる。

❖図表3-31❖　特定社債保証制度の概要（東京信用保証協会）

保証形態	保証協会80％、金融機関20％の共同保証方式
発行額	1回の最低発行額は3,000万円で、発行最高限度額は5億6,000万円
発行形式	振替債（ペーパーレス化された債券）
資金使途	運転資金又は設備資金
保証期間	2年以上7年以内
返済方法	一括償還もしくは定時（分割）償還
保証料率	信用保証協会所定の料率
担保	保証金額2億円（発行額2億5,000万円）を超える場合は、担保が必要
保証人	不要

(4) 資産の時価判定や償還能力が大切

　ストック要件は、決算書の貸借対照表に計上された金額をベースに計算するが、申込みをした後は、各資産の勘定科目の内容が精査されることになる。

　そのため、回収ができない債権（不良債権）や、販売ができない資産（不良在庫）、あるいは含み損や含み益のある資産については、それらを考慮した「時価純資産」や「時価による純資産比率」を算出してストック要件の精査が行われる。したがって、日常的に会社の各資産の「時価」を意識した経営が重要になる。

　フロー要件は、決算書の損益計算書をベースに計算されるが、申込みをした後は、債務の償還能力が精査される。

　この場合の債務償還能力とは、社債を償還する能力——つまり、利益をしっかり生んでいるかどうかということだ。

　そこで、会社は損益計算書のどの区分で利益を出しているかを知っておかなくてはならない。例えば、本業で儲けているのか（営業利益）、会社の事業活動全体で儲けているのか（経常利益）、臨時的な収入で儲けているのか（特別利益）ということだ。

　また、保証期間内に社債を償還できるということを、しっかりとした経営計画書を提示して明確に説明できることも必要だ。

III 少人数私募債の 活用法

1 少人数私募債はオーダーメイドの調達法

（1） 制約の中の自由

　上場会社の発行する社債（公募債）と同様に、少人数私募債においても発行する中小企業が債券の内容を自由に決められる。

　もちろん、自由といっても社債1口の金額や、引き受けてもらう投資家の数などに制約があるのは当然だ。ただ、この制約があるからこそ、各種の届出書の作成や提出、あるいは情報開示が義務付けられていない。

（2） 私募債を発行する際の7つの決めごと

　少人数私募債を発行するに当たって、中小企業が最低限決定しておかなくてはならない項目を列挙しておこう。

① 社債の募集総額を決める

　社債を発行するということは、何らかの資金が必要だからである。したがって、資金調達の目的に応じて募集総額を決定していくこととなる。

　さらに、社債1口の金額を決定することと募集総額の決定は同時並行にならざるを得ない。社債の募集総額の上限が社債1口の金額

の49倍までとされているからだ。

②　誰を引受手にするかを決める

　公募のように、自社をオープンにして一般市場に訴えかけることはできない。したがって、中小企業側で社債を引き受けてもらえる投資家を選んでおくことが必要となる。

　「誰を選ぶか」は少人数私募債を発行する場合には重要なテーマとなる。なぜなら、選んだ投資家を対象にして社債１口の金額を決めざるを得ないからだ。

③　社債１口の金額を決める

　少人数私募債のポイントが、この社債１口の金額の決定である。

　例えば、投資家の引き受けやすさを考慮して、１口10万円とした場合なら社債の発行総額は490万円にしかならない。上限が49口だからだ。

　つまり、社債の総額の決定、投資家の選定、社債１口の金額の決定は互いに関連しているということである。

　筆者が過去に取り扱ったケースで見ると、最も一般的な金額は１口100万円か１口200万円のいずれかだ。

　前者なら4,900万円が総額となり、後者の場合は9,800万円となる。もちろん、１口101万円、138万円といった社債も自由に発行することができる。

④　社債の利率と利息支払日を決める

　上場会社などの発行する社債については、格付機関による発行会社の格付けを参考にして、社債利率が決定される。

　一方、少人数私募債を発行する中小企業の場合は、投資家にとっ

て引き受けたくなる利率を設定することが必要だ。ただ、社債の償還期間が長くなればなるほど、利率を高く設定するのが通常である。

　過去に筆者がお手伝いをさせていただいた中小企業のケースでは、金融機関などの預金利率（定期預金などの長期預金）よりは高く、かつ発行会社の負担にならない1～6％程度が大半だった。金利は高くても構わないのだが、利息制限法には気を付けなければならない。現在の最高金利は、元本100万円以上は15％が上限となっている。

　また、社債利息の支払日も決定しておく必要がある。3カ月ごとでも、半年ごとでも、1年ごとでも自由に決められる。

⑤　社債償還の方法と期間を決める

　社債と金融機関からの借入金との違いが、償還期間にある。通常の借入れならば、借り入れた翌月から返済が始まるうえに、金利は前払いのため、借入日に差し引かれているのが通常だ。

　ところが、社債は償還日までは一切返済しないというルールで成り立っている。したがって、償還期間をどのくらいの期間にするのか、つまりどのくらいの期間なら投資した資金が回収されるかを考えておく必要がある。

　通常は5年の満期償還を採用しているケースが多いのだが、発行目的に応じて当然、期間は異なる。3年でも、10年でも構わない。ポイントは、投資家が引き受けてくれるかどうかということなのだ。

　問題は、償還期限に社債の元本を償還する資金がプールできていなかった場合だ。この場合は、新たに少人数私募債を発行することで実質的な延長も可能となる。

　また、投資家から社債の満期償還期間までに中途解約の申出を受けることもある。少人数私募債が縁故債という性格を考慮して、速

やかに対応していくべきだろう。通常は募集要項の中で中途解約の
条項を付記している。

⑥　社債の申込期間と払込日を決める

　社債の払込期日は、何年何月何日と決定する。社債発行の目的と
なった資金の必要な期日より1週間ほど余裕を持たせて決定する。
　払込期日の翌日から社債利率の計算が始まる。したがって、払込
期日より早めに入金があっても、利率の計算はあくまで払込期日の
翌日からになるわけだ。ちなみに、払込期日はその後の利息の支払
日にもなるので、できるだけ月末日がよいだろう。
　申込期間は、払込期日の1カ月ほど前からのケースが通常であ
る。相手が縁故者のため、1カ月ほどの期間があれば十分だ。
　ただし、申込額が募集総額に達した時は、募集期間中であっても
申込みを締め切ることができる。逆に、申込期間に申し込まれた社
債の応募総額が、発行予定の社債の総額に達しない場合には、その
応募額総額を今回発行する社債の総額とすることも可能だ。

⑦　社債券発行の有無を決める

　少人数私募債の発行において、社債券を発行するケースはほとん
どない。ただし、発行する場合は、投資家の名前（記名式）入りの
社債券を投資家に引き渡すことになる。
　しかも、社債券を紛失した場合などのために、募集要項には「当
社の承認する2名以上の保証人と連署の上、社債番号、喪失の理由
を所定の書面などにより届け出、社債券の再発行を請求することが
できる」などと付記しておかなければならない。
　できるだけ無駄な時間と手続きを簡素化して、発行コストを下げ
たい中小企業としては、社債券の発行はコスト増にもつながる。し

たがって、よほどのケースでもない限り、社債券を発行することはない。

(3) 自立していく中小企業の試金石

　中小企業が少人数私募債を発行する場合に重要なポイントとなる項目は、(2)の7点である。

　一定の制限はあるものの、ほとんどが発行する中小企業側で決定していかなくてはならない項目ばかりだ。まさに自由に決定できるのである。

　ところが、この「自由」がくせ者である。資金調達の大半を金融機関に依存していた中小企業にとっては、「すべてを自由に決めなさい」と言われると、逆に"不自由"になってしまう。

　自社で発行する社債の総額だけではなく、1口当たりの金額、社債利率、償還期間、あるいは、申込期間や払込期日などを決めることにさえ手を焼いてしまう。

　「いくらなら貸していただけますか」「金利はどのくらいでしょうか」「返済期間は何年くらいにしてもらえますか」などと、金融機関にお願いしていた中小企業としては、「自社ですべてを決めなさい」といわれると悩んでしまうのだ。

　自社で自らの資金調達戦略を立てていかなくてはならない21世紀型中小企業にとっては、「自社で決めるDNA」を持つためにも、少人数私募債の発行は、その踏み絵になるだろう。

2 私募債発行のメリットを理解する

(1) ようやく浸透をし始めた私募債

少人数私募債の発行が自由にできるようになったのは、1991年から92年にかけて、旧商法の改正に伴う社債発行限度額の撤廃が行われたからである。それまでは、資本金の範囲や純資産の範囲内までしか社債を発行することができなかった。

その上、「資金調達は金融機関からの借金しかない」と思い込んでいた中小企業にとっては、社債を発行して資金を調達するなどということは考えてもいないことだった。

それでも1996年くらいから、筆者が少人数私募債に関する各地方自治体や経済団体での講演活動、さらには連載執筆、書籍の出版などで発信してきたが、まだ社会に浸透しているとはいえない。

その理由の１つは、少人数私募債の仕組みやそのメリットがしっかり認識されていないからといえるだろう。

(2) 私募債にはメリットが多い

少人数私募債を発行する中小企業側と、その私募債を引き受ける投資家に分けてメリットをまとめてみた（図表3-33）。まずは発行会社の視点から見ていこう。

① 簡単に発行できる

ここでいう簡単とは、「事務手続き上の煩わしさがない」ということだけではなく、「時間が早く」「コストが削減できる」ということも含んでいる。

例えば、少人数私募債を発行する場合は、取締役会における普通

決議だけで発行が完了する。取締役会の普通決議においては、社債の募集要項の簡易版が提出され、「いつ」「何のために」「いくら発行するのか」「1口いくら」「いつまでの期間」「どのぐらいの利率にしたいのか」がまとめられているだけだ。極端にいえば、法律的な裏付けはこの取締役会だけである。

さらに、監督官庁への届出の義務もなく、社債管理会社を置く必要もない。有価証券の募集（公募）の場合は、発行価額が1,000万円を超えると「有価証券通知書」を財務局に提出しなければならない。

ところが、私募に当たる少人数私募債の場合は、「募集行為」には当たらないため、届出書や通知書が一切いらないのだ。

また、社債券の発行が強制されないため、社債券の作成や発行管理などが省略できる。もちろん、その分、社債管理原簿などで厳密に管理しなければならない。

② 調達コストの負担が安くなる

金融機関から資金を調達すると、大半が当日、もしくは翌月から返済の支払いが始まり、1カ月分の金利は前払いとなる。必要な資金のうちの一部が当初からなくなっていくのだ。

金融機関からの借入利率は通常1カ月の前払いである。例えば、1,000万円を利率年3％（月利率なら0.25％）で調達すると1,000万円から25,000円が差し引かれて入金されているはずだ。実質金利は年3％ではなくなっているのだ。

さらに、通常は担保を設定して、代表者である社長や専務が連帯保証人になることが義務付けされている。担保を設定すると、司法書士の手数料や登記料などのコストがかかる。

その上、信用保証会社に保証料（借入期間が5年なら5年分の保証料を前払い）も支払うことになる。表面上の金利以外の負担が大

きいのだ。

　一方、少人数私募債を発行した場合を見ていこう。まず資金は、償還期間までは全額活用できる。当初の返済義務がないので、資金繰りの見通しが立てやすくなる。

　さらに、少人数私募債は無担保債なので担保物件の必要はなく、もちろん担保設定にかかる費用は皆無だ。

　また、社債利息の支払いは１年ごとの後払いのケースが多い。実質金利と名目上の金利は合致している。社債を発行する中小企業を信頼して少人数私募債を引き受けてくれている投資家がいるので、保証会社などは存在せず、保証料の負担などは一切ない。

　社債利率を金融機関より高く設定したとしても、こうしたコスト負担の減少を考えると元が取れる。その上、社債利息を支払う相手が自社をサポートしてくれている顔の見える利害関係者ばかりなので、広い視点でとらえると、金利を身内に支払っていると考えることもできる。

③　株式の発行よりも有利

　少人数私募債を発行するのと株式を発行するのとでは、どう違うのかという質問を受けることも多い。

　確かに、増資で引き受けてもらえると純資産（自己資本）比率が高まるだけではなく、社債のように償還する必要もない。そこで図表３-32に社債と株式の違いをまとめてみた。

　中小企業側から見ると、返済義務がなく、純資産（自己資本）比率が高まる増資は、確かに有り難い。ただし、投資家が中小企業の株主となって議決権を持つうえに、彼らへの配当金は利益処分として支払うしかない。

　社債ならば償還してしまえば投資家との権利・義務の関係は消滅

❖図表3-32❖　株式と社債の違い

比較項目	株式	社債
返済義務	なし　　（○）	あり　　　（×）
純資産比率	高まる（○）	低くなる（×）
議決権	あり　　（×）	なし　　　（○）
損金算入	配当金（×）	社債利息（○）
（会社からみた有利○、不利×）		

し、社債利息は損金として処理できるので節税にもなる。

　中小企業にとっては、経営参加の権利を持つ株式を与え、損金に
ならない配当を支払うくらいであれば、社債を引き受けてもらうこ
とを優先する方がよいと考えるケースが多いだろう。

　これは、投資家側からも同様のことがいえる。確定していない配
当に期待したり、非公開で市場取引のない株式を所有するより、確
定金利である社債利息が得られ、償還される社債を引き受ける選択
をする可能性が高いということだ。

④　最大のメリットは意識改革

　少人数私募債の発行をすることは、中小企業は「何のために自社
が存在し、継続していこうとしているのか」をじっくり考え、自社
をより理解することにつながる。

　そうでなければ、身近な利害関係者である投資家がサポートして
くれるわけがない。投資家は、「よく知っている社債発行会社を、自
分たちの資産で守り育てよう」とする気持ちで応募してくるからだ。

　中小企業の経営者は投資家の気持ちや期待に応えなければならな
い。自己中心の狭い社会だけではなく、第三者の目をより強く意識
した経営が必要になる。

その結果、中小企業は成長し、財務体質を向上させ、金融機関などからの評価も上昇していく。少人数私募債の発行は、単なる資金調達の手法にとどまらず、中小企業経営のあり方を見つめ直すきっかけを与えてくれる。実は、これが最大のメリットといえるだろう。

(3)　投資家にもある二大メリット

　私募債を引き受ける投資家にも2つのメリットがある。1つは、金融機関に預けている、現状における超低金利の預貯金よりも有利な利率が設定されているということだ。

　当社で発行業務をサポートしたケースの大半が、低くて年1.0%、高くて年8.0%の利率で発行されていた。現在の金融機関の定期預金金利率と比較すると数百倍の金利だ。

　もう1つのメリットは、高額所得者は所得税法上、有利になるということだ。本来、貸付金に対する金利は、所得税法上は雑所得となる。したがって、総合課税として他の所得と合算され、累進課税率で所得税や住民税を支払うこととなる。

　一方、社債利息は預金金利と同じ利子所得の扱いとなるので、20.315%の分離課税で済み、手取り資金が増える。

　高額所得者の場合は、合算すると最高50%超の税率（所得税＋住民税＋復興特別所得税）で課税される。社債利子の所得を分離して20%強の税率で済むことは、はるかに有利なのだ。

　ただし、社債を発行する中小企業の経営者や取締役で一定の条件に該当する投資家は、2016年から総合課税の対象となっているため、事前にチェックしておく必要がある。

❖図表3-33❖　少人数私募債発行のメリット一覧表

発行会社のメリット	
簡単な発行方法	
・取締役の普通決議のみ	・監督官庁の届出義務なし
・私募管理会社は必要なし	・社債券の発行は必要ない
コスト負担の削減	
・返済は償還日までなし	・社債利息は後払い
・無担保債が普通	・連帯保証人が要らない
・保証会社が要らない	
その他のメリット	
・社債利息は損金算入	・議決権は発生しない
・経営意識の大改革	

投資家のメリット
・金融機関への預金より有利な利率
・分離課税の取扱い（投資家が、発行会社の一定の関係者の場合は総合課税）

3 私募債の発行から管理までの手順を知る

(1) 資金調達の目的を明確にする

　少人数私募債を発行するまでの手順を見ていこう。

　基本的には、まず「何のために発行するのか」を明確にすることである。理由が明確になりさえすれば、実際に発行するまでのステップには大きな支障はないといえるからだ。

　例えば、工場の増設のために5,000万円の資金需要が発生したとしよう。この場合は、「工場の増設は本当に必要なのか」「賃借するケースとの比較や検証はしたのか」「リースとの比較はしたのか」「増

設することで、どのくらいのリターンが得られるのか」などを明確にしておかなくてはならない。

　同時に、「5,000万円の見積もりは正しいのか」「相見積もりは行ったのか」「その内容は十分に検討したのか」についても再確認する。いずれも資金を調達する合理性が備わっているかを見るために必要な過程なのだ。

　その結果、「我が社にとって、なぜ少人数私募債の発行で資金を調達することがベストなのか」を理解することとなる。

(2)　取締役会議事録を作成する

　少人数私募債の発行は、取締役会を開催することからスタートする。ただし、取締役会は法律的な裏付けにすぎないので、現実には、(1)のような検討の結果を取締役会で決議するということになる。

　取締役会では、出席取締役の過半数の賛成によって発行が決定するが、同族の中小企業でこの決定が覆されることはまずない。

　ただし、取締役会の内容を議事録として作成しておくことは重要だ。なぜなら、少人数私募債の発行に当たっては、この取締役会が唯一の法的根拠になるからだ。もちろん、投資家に説明をする場合は、「間違いなく取締役会で決議された」という証拠資料として議事録のコピーを添付することが望まれる。

　図表3–34に取締役会議事録のモデルを掲載したので参考にしてほしい。

❖図表３-34❖　取締役会議事録のモデル

取締役会議事録

　　令和　　年　　月　　日午　　　時　　　分、当会社本店会議室において、取締役会を開催した。
　　定刻に、代表取締役　　　　　　　が議長席につき、開会を宣し、次のとおり定足数にたる取締役の出席があったので、本取締役会は適法に成立した旨を告げた。

取　締　役　総　数　　　　　　名
本日の出席取締役数　　　　　　名

議案　第　回少人数私募社債発行の件

　　議長より、●●●●のための資金として第●回少人数私募社債を別紙の要項にて発行したい旨を述べ、その理由を詳細に説明した。
　　慎重審議の後、議長がその賛否を諮ったところ、全員一致をもってこれに賛成した。
　　よって、議長は、下記のとおり可決された旨を宣した。

　　以上をもって本日の議事が終了したので、議長は午　　　時　　　分閉会を宣した。

　　以上の決議を明確にするため、本議事録を作成し、出席取締役全員が次に記名押印する。

　　令和　　年　　月　　日
　　●●●●　取締役会

議長・代表取締役　　●●　　　　◯

出席取締役　　●●　　　　◯

出席取締役　　●●　　　　◯

---

(3) 募集要項の内容が重要

　取締役会の開催時点では、少人数私募債の募集要項の概要ができているはずだ。取締役会の決議によって、その概要をベースにした募集要項を作成することとなる。

　大半のケースでは、「何のための資金調達か」をベースにした「○○ファンド」という形式を採っている。

　ファンドネームにすることで「何のため」を明確にできるからだ。単に会社名をファンドネームにしているケースも見受けられる。

　募集要項は215ページの図表3-35②のように「社債申込証」の裏面に記載する。裏面の募集要項を検討し、了解してもらえれば表面の社債申込証にサインをしてもらう。この場合には、必ず社債を発行する狙いを記した趣旨書を沿えるべきだろう。

　社債申込証に申込口数と住所、署名又は記名捺印がされていることを確認して申込証を預かる。この時に確認しておかなければならないことが2つある。

　1つは49人（社）までの限定した私募債なので、50人（社）以上を避けなければならないという点だ。

　もう1つは、引受人となる投資家が少人数私募債の対象者かどうかという点である。「縁故債」というネーミングが象徴しているように、まったくの第三者が応募する可能性はほとんどないが、自社をよく知っている金融機関の担当者個人からの応募などは引き受けてもらう方がよいだろう。

❖図表３-35①❖　社債申込証のモデル（裏面は募集要項）

株式会社●●●●　御中

●●●ファンド申込証

第●回無担保利付少人数私募債

金額　　一口　金●●●万円　＿＿＿＿口

申込金合計　　　　金＿＿＿＿＿＿＿万円

　本申込証裏面記載の要項を承認の上、貴社発行の上記の社債を申し込みます。
　なお、上記社債の利息等の振込は、下記の口座へお願いします。

※利息等をお振込みする金融機関のお口座をご記入ください。

金 融 機 関 名	
支　店　名	
口 座 種 類	
口 座 番 号	
フ リ ガ ナ	
口 座 名 義 人	

※必要事項をご記入の上、ご印鑑（認印で結構です）を押印してください。

お申込日		20●年（令和●年）　　月　　日	ご印鑑
申込人	住所		
	氏名		

❖図表3-35②❖　社債申込証裏面

株式会社●●●
第●回少人数私募債(●●●ファンド)募集要項

1. 会社の商号	株式会社
2. 社債募集総額	金●●●●万円
3. 社債の種類	無担保利付少人数私募債(なお、社債券については不発行とする。)
4. 社債の金額	1口金●●●万円
5. 社債の利率	年●%
6. 発行価額	額面どおり
7. 償還金額	額面どおり
8. 社債償還方法及び期限	元金は20●●年(令和●年)●月●日にその全額を償還する。ただし、当社はいつでも本社債の全部又は一部を繰上償還し消却することができる。
9. 利息の支払方法及び期限	利息は払込期間末日の翌日から償還期日又は解約日までこれを付け、毎年●月●日に支払う。ただし1年に満たざるときは日割計算とする。償還期日後又は解約日後は利息を付けない。利払、償還日が土日祭日に当たる場合は、金融機関の翌営業日に支払う。
10. 中途換金(解約)の方法	社債権者は、満期日前に所有の社債全部を取締役会の承認を受けることにより換金(解約)することができる。
11. 第三者譲渡の方法及び譲渡制限	社債権者は、満期日前に所有の社債全部を第三者に売却譲渡する場合は、取締役会の承認を受けるものとする。なお、一括譲渡以外の方法で譲渡することはできない。譲渡価格は利息の付される経過期間を考慮して当事者間の合意によって決定するものとする。なお、名義変更手数料として金●●円を申し受ける。
12. 券面分割制限	券面表示額の単位未満に券面を分割することができない。
13. 元利金支払場所	当社本社において社債原簿に記載されている社債権者へ支払う。
14. 社債元利金請求権の時効	社債の償還請求権は10年を経過するとき時効によって消滅する。利息の請求権は5年を経過するとき時効によって消滅する。
15. 申込期間	20●●(令和●年)●月●日より同年●月●日までとする。ただし、申込額が募集総額に達したときは期間中であっても申込みを締め切ることができる。
16. 募集方法	直接募集。ただし、応募金額が募集総額に達しない場合、応募金額を社債の総額とする。
17. 払込期間	20●● (令和●) 年●月●日まで
18. 発行日	20●● (令和●) 年●月●日
19. 払込取扱場所	金融機関 ●●銀行 ●●支店 口座種類 普通預金　　口座番号 1234567 口座名義人 株式会社●●● 代表取締役 ●●●● (注)ただし、振込みを行う者については後日当社より決定通知のあった者とする。
20. 申込取扱場所	〒123-4567 ●●●県●●市●● ●丁目●番●号 株式会社●●● 連絡先 電話 12-345-6789
21. 申込方法	申込方法については、社債申込証に記入・捺印の上、申込期間内に上記の申込取扱場所に郵送もしくは持参するものとする。

(4) 申込みから入金まで

　社債申込証を預かったら「申込受付票」を発行し、審査をして社債権者を決定し、「募集決定通知書」を発送する。ここには、「お礼の文章」とともに「何万円券を何口の申込みか」と「振り込んでいただく口座名」を記載する。

　申込証の受付を終えると、申込金の総額を計算する。社債発行総額に満たなければ、更なる利害関係者を訪問したり、利害関係者に対する説明会を開催するケースもある。ただ、ここで注意が必要なのは、実際に社債を引き受けてくれる人が49名（社）以下ではなく、社債を勧誘する相手の数が49名（社）以下ということである。つまり、50人以上に声を掛けてはいけないということだ（金商法）。

　一方、申込総額が社債発行総額を超えていれば、新たな申込者に対して、「第2次ファンドを実行する場合には、一番初めにお声をかける」という旨を文書で説明し、辞退していただくこととなる。

　入金口座は会社が日常取引で使用している決済口座ではなく、日常使われていない口座を用意しておく方がよいだろう。入金を確認したら、「社債払込金預り証」を発行する。ほとんどの中小企業では、社債券を発行しないため、この社債払込金預り証が投資の証明書となるからだ。したがって投資家は、この社債払込金預り証の裏面に、振り込んだ際の、控えの資料を貼り付けて保存しておくべきである。

⑸　社債の管理はどうするか

　社債を発行した中小企業は、社債券を発行していないケースが多いため、社債原簿が唯一の社債管理台帳となる。

　この社債原簿に最低必要な項目は次の５つだ。

---

　①　社債権者の住所・氏名
　②　社債権者の振込先口座
　③　社債の取得年月日
　④　社債の券面額と番号、及び取得金額
　⑤　譲渡先の住所・氏名・譲渡年月日

　社債原簿に従って、満期日が到来した際に社債の償還が行われる。もちろん、満期日までに社債利息を支払う場合も同様だ。

　仮に、社債の償還が困難になった場合は、社債権者集会の決議により、２カ月以上の期間を定め支払う旨の通知がなされ、それでも支払わないと一度に全額を償還する旨の請求が通知されることになる。ただし、大半は事前に新たな少人数私募債を発行して引き受けていただく交渉をする。これこそが債権者が縁故者たるゆえんでもある。

　少人数私募債の発行会社は、法律的には決算内容を社債権者に説明する義務はない。ただし、少なくとも決算期には社債権者に対して業績を公表するとともに、来期の事業計画を説明していく必要があるだろう。

　このことは、「私だけの会社」が「皆さんと一緒の会社」に変わり出していることを証明することになるからだ。

4 少人数私募債の実践的な活用法

◆少人数私募債のケーススタディ

　中小企業にとっては、きわめて使い勝手のよい少人数私募債だが、ここでは、具体的なケーススタディをいくつか紹介しておこう。

① 【ケース１】オプション付きの金利

　土地の所有者にホテルを建築してもらい、地主より賃借してビジネスホテル業を営んでいる X 社がある。総資産を増やすことなく、筋肉体質の財務状況を構築していくための戦略といえるだろう。

　ところが、日本には建設協力金とか、保証金という仕組みが存在する。自社で不動産を所有していなくても賃借するために多額の資金を預けなくてはならないのだ。戦後の土地不足、人口増加時代の名残である。

　X 社は、この保証金を少人数私募債で集めることにした。投資家は、ホテル事業に関わる利害関係者だ。

　なかでも、積極的に交渉したのはホテルの顧客であるサラリーマンなどの出張族だ。そのために、次のような少人数私募債を発行した。

　㈹　償還期限を５年と７年に分ける。

　㈺　５年ものの社債利子率は年3.0％とし、７年ものの社債利子率は年3.5％とする。

　㈻　前記㈺の利率は固定しているが、ホテルの稼働率によって金利を上積みするオプションを設定する。

償還期限を5年と7年に分けたのは、投資家の資金運用に幅をもたせる狙いがある。7年ものの償還の金利が高いのは、もちろんリスク期間が長いからだ。

　さらに、金利は客室の稼動状況に応じて金利を上乗せすることとした。投資家から見ると、このホテルの稼働率が上昇すればするほど運用によるメリットも増加する。

　顧客が投資家になるということは、「自分たちがホテルを利用すればするほど、投資家としての運用リターンが増加していく」という仕組みなのだ。消費者向けの市場をターゲットとしている中小企業ならではのマーケティング発想といえるだろう。

②　【ケース2】少額発行による帰属意識の確認

　社員10人ほどのY建設会社は、新規事業の展開のためには、資金調達だけではなく、社員の会社への愛着度が重要な要素になると考えていた。

　そこで、社内の取締役だけではなく、社員全員に少人数私募債の発行に対しての引受けをお願いしたのだ。

　2代目のY社社長は、現状のY社の置かれている状況、将来、新しい事業へ進出することの必要性、全社が一丸となって次のステージへ上るためにはどうすべきかについて、全社員を集めて説明した。

　同時に、こうした事業を展開するために少額の私募債を発行した。1口5万円で40口、合計200万円を発行したのだ。

　もちろん、200万円では新規事業はできない。それでもあえて少額にしたのは、社員が資金を出しやすい点を重視したからである。

　一体経営がモットーだけに、Y社に人生の一部を賭けてでも一緒にやっていこうとする人がどのくらいいるかを知りたかったのだ。結果的には、10人の社員全員が80万円分の社債を引き受けてくれる

こととなった。

　ある程度目途のついた半年後に、Ｙ社社長をはじめ、取締役や取引先向けに新規の社債を発行した。

　第１弾の私募債発行で社員との友好度合いと一体経営への共通の認識を理解し、第２弾で本来の事業資金の調達を行ったのだ。

③　【ケース３】取引先からの資金調達

　30店の店舗を展開しているＺ社がある。店舗の平均商品回転率は６回転と、業界平均の同業小売店より高く、さらに、立地や客層、店長の好みで全店が個性を持ち魅力を高め合っている。

　それでも、多額の在庫や出店に要する保証金、本社や倉庫の取得コストなどを金融機関からの借入金に頼っていたため、キャッシュフローは不安定な状況が続いていた。

　借入金で出店した新店舗が、初期投資を回収して黒字になるには早くても５年はかかる。間接金融に頼っていると、出店すればするほど資金的に不安があった。

　そこで、Ｚ社は金利も償還期限も自前で決められる少人数私募債を発行することとした。

　結果的には、取引先30社を対象に発行して総額8,000万円を調達し、借入金を返済したり、当面の出店資金などに回すことができた。

　その後はテナント出店時の保証金の流動化や新株発行などの増資を実行することで一気に借入金負担を大幅に減少することができたのだ。

　以上のような具体例は、「償還期限、社債利率、発行金額、１口単価などすべてを中小企業が主体的に決定できる」という少人数私募債の特徴を十分に活用したからこそ実現できたといえるだろう。

Column 少人数私募債の最大のポイントは信頼関係

　少人数私募債は簡単に発行できる。ただし、軽い気持ちで発行し、その結果、万が一デフォルト（返済不能）になってしまうと莫大な損害を被る。被るだけではなく、利害関係者全員に損害を与えてしまうのである。

　少人数私募債の発行を成功裏に終える最大のポイントは、利害関係者との信頼関係がどのくらいの深さなのかということに尽きるだろう。

　発行しても引受手のない中小企業は、そもそも信用されていないといっても過言ではない。信頼があるから資金が調達でき、さらに支援者が増え、企業が成長・継続していくのである。

　一度、自社を試す気持ちで少人数私募債を発行してみていただきたい。数多くの申込みがある会社には魅力がある。ほとんどない場合には、自社をもう一度確認していただきたい。どこかに企業としての問題が生じているはずだ。自社の信用力を試すためにも活用できるのが少人数私募債の発行である。

第4章

資本で資金を調達する
〈エクイティファイナンス〉

I エクイティファイナンスの基本的な考え方

1 中小企業が株式発行を行う基本条件

(1) 株式会社制度をどう活用するか

　株式会社という制度が世の中に誕生した時の最大のポイントは、「株式による資金調達」である。株式の発行によって投資家から資金を調達し、その資金を活用する企業家（つまり、株式会社でいう取締役）が、世の中に必要な新しい製品やサービスを生み出すという画期的なシステムが本来の株式会社の仕組みなのだ。

　特に、株式を引き受ける株主には、出資した以上の責任を負わせない有限責任制度を採用することで、株式会社制度は浸透してきた。

　その背景には、ヴェネツィアの数学者ルカ・パチョーリが1494年にまとめた複式簿記の仕組みがある。18世紀から19世紀にかけてのイギリス産業革命は、この複式簿記のおかげで裾野が広がった。株式会社制度だけでなく、資本主義そのものの発展に最も貢献したのが複式簿記制度だといえるだろう。その意味からいうと、株式会社制度とその背景になっている複式簿記のシステムは世の中の最大の発見・発明であったといえる。

　投資家は、自らが提供した資金が正しく運用・投資されており、その内容がしっかり数値として見えていることでより積極的に株式を引き受けることができる。「ディスクロージャー」と「有限責任」

こそが、株式会社の最大の特徴だったのだ。

　ところが、日本の企業の大半（359万社のうちの99.7％、2019年度版『中小企業白書』）を占める中小企業は、ディスクロージャーを積極的に行わないために、株式会社の最大の特徴である有限責任というメリットが受けられていない。なぜならば、中小企業の株主は、同時に、取締役としてその事業を運営しているため、所有と経営が一体となることで、無限責任と同じ形態になっているのである。

　金融機関は中小企業という株式会社に対して資金を貸し出すのではなく、その会社の代表取締役個人を信用して貸し出している。つまり、会社ではなく個人に貸しているのだ。

　そのため、代表者個人が会社の連帯保証人になったり、個人所有の不動産を担保として提供しなければならなくなっている。債務による調達をすることで、有限責任たる株式会社の特徴を無限責任である個人にシフトされてしまっていることに気付いていない。

　したがって、資本主義の社会で直接金融による資金を得ようとするのなら、自社をオープンにして、現在の姿と未来のあるべき姿を社会に「見える化」しなければならない。直接金融による資金調達とは、まず、中小企業が自らの姿を社会にしっかり見せることなのだ。どの株式会社も設立する際の定款には、必ず決算書を「官報」などで公開すると明記しているはずである。ディスクローズできない企業は存在している意味を自社に問いかけておくべきだろう。

(2)　中小企業が自らの意識を変えられるか？

　中小企業の資金調達の手法が大幅に変化してきた。「お金の融通（金融）＝金融機関」というDNAを払拭し出してきたということだ。お金の問屋業である金融機関も自ら問屋業という業種から脱皮を図り出している。

中小企業側も、新しい時代に対応する仕組みに意識を変えなければならないということでもある。

　少なくとも次の5つは、新しい時代への重要な舵といえるだろう。

---

① 自社の存在価値の再確認
② 正しい財務諸表の作成
③ 結果（過去）と未来（計画）のディスクローズ
④ 「何のため」の反芻
⑤ 経営情報と経営資源の活用

　企業には必ずバランスシートが存在する。このバランスシートには、左側にお金の運用の結果である企業の所有している資産が計上されており、上から資金化しやすい順に並んでいる。つまり、左側の資産を資金に変えるには下から順に仕掛けていけば資金化しやすいということだ。つまり、「バランスシートの左側で考える金融」とは、下から上にシフトしていく手法のことである。

　一方、バランスシートの右側には、お金の調達の結果である負債と資本が計上されている。上にあるほど早く返済しなければならず、下にいくほど返済期間が長いというわけだ。右下の資本になると返済する必要もない。

　過去における日本の中小企業は、返済する必要のない資本ではなく、返済が早い借入金（長期、短期とも借りてから間もなく毎月の返済が始まる）によって資金を調達してきた。中には、手形の書換えなどによる一種の資本の性格を有していた債務もあったが、時代の変化とともになくなってきている。

　「バランスシートの右側で考える金融」とは、こうした資金調達を

できるだけ上（債務）から下（資本）に変えていくことに他ならない。いずれにしても、会社の信用がなければこうした仕組みづくりが不可能なのは当然のことである。

(3) ３つの基本条件

今後、直接金融によるファイナンス戦略が日本の中小企業において成長していかざるを得ないのは、時代と社会という時間要因と空間要因の大変革によるものである。

資金調達環境の変化からもわかるように、今後は中小企業といえども株式会社制度を採用する限りにおいては、次の３点が要求されてくる。これは企業の存在価値を左右するものだからだ。

---

① **明確な企業理念**

何のために会社を作り（引き継ぎ）、何を社会や未来に提供しようとしているのか。

② **具体的な戦略方針**

①を実行するために何をどのようにして「仕掛けと仕組み」を構築していくのか。

③ **詳細な数値計画の提示と結果の報告**

計画と実行の事実をしっかりと社内外に説明していくことができるか。

どんな企業を目指すのか（将来展望）、現在はどんな状況か（経営のディスクローズ）をできるだけわかりやすく知らしめるという経営は、有言実行型社会においては当然のことである。その結果が21世紀型社会において最も重要な経営資源となる「信頼」を生み出す

からだ。つまり、顧客の獲得方法も、投資家の獲得方法も信頼を生むための戦略という意味からは相等しいといえるだろう。

2 中小企業の直接金融のゾーン

(1) 経営哲学・存在意義の確認

とりあえず営んできた企業が、継続しがたい時代になっている。これは人間の血液（輸血）に例えられる資金の導入についても同様だ。

金融機関という大きな血液バンクに依頼すれば輸血が簡単にできた時代から、様々な企業や個人から温かい血液を分けてもらえる仕組みが生まれてきた。新株発行による調達など、直接金融の仕組みは株式を公開している企業が行うという意識が強いのだが、中小・中堅企業でも増資や社債の発行は日常的に行われている。

ただ、そのためには自社の信頼性を高めなくてはならない。信頼性を高めるには自社の存在意義を明確にして、継続性が保たれる企業像にしていく必要がある。「my company」からの脱皮が社会性を持つことになり、温かい資金として直接金融の仕組みが応援してくれるのだ。

(2) 直接金融を導入するための二原則

中小・中堅企業が市場から直接資金を導入する場合には2つの重要な切り口が必要になる。

---

① 市場の範囲を限定すること。
② 限定した市場に経営内容を明らかにすること。

上場している企業には様々な社会的規制やチェック機能が働き、会計監査などの第三者による信頼性が保たれている。ところが、閉鎖的企業と呼ばれる中小・中堅企業には自社の存在を市場に知らしめる方法は限られており、さらにコスト面からも難しくなっている。

　そのため、自社を知る利害関係者（役員・社員・仕入先・顧客・地主やその家族など）や限定された地域の企業や個人という市場をターゲットにして、自社の経営に対する考え方やポリシー、あるいは自社の存在基盤といった企業像と、真実の経営内容（少なくとも簡易の損益計算書・貸借対照表・資金繰り表などの財務諸表等）や今後の事業計画書（資金調達を行わなければならない理由につながる）をオープンにすることが必要になる。

　直接金融の仕組みが取り入れやすくなっているが、それは制度面が整備され出したということだけである。投資家が自社に投資してくれるかどうかは自社の信頼性をいかに高めるかということ以外に他ならない。

　そのためには、「無言実行型の閉鎖会社」から「有言実行型のオープンマインドな企業」に脱皮することが必要なのだ。

(3)　特定中数、特定少数分野がカギ

　ところで直接金融には私募と公募という切り口がある。中小企業にとって今後成長していくと思われる直接金融は「私募」の分野だ。

　例えば、プロサッカーＪリーグのコンサドーレ札幌の筆頭株主は、一口５万円のサポーター持株会である。地域のサポーターが株主として参加することで、コンサドーレをより強く応援していこうとする仕組みを構築している（減資を実施して、現在は一口１万円）。

　サポーター（市民）あっての経営を自覚しているため株主総会後に記者会見を開いたり、ホームページで業績を公開したりするな

ど、経営の透明性確保に努めている。浦和レッドダイヤモンズのサポーターやプロ野球広島カープのファンがそのまま投資家になっているというスタイルといえるだろう。

　コンサドーレやレッズにはチームという組織（株式会社）にサポートするべき魅力があり、自分たちはゲームには出られないが12番目の選手として、できる範囲で応援（競技場での声援以外に資金面や運営ボランティアなど）することで、その組織に参加しようとしているのだ。

❖図表４-１❖　中小企業の直接金融のゾーン

（大）	金融機関が融資の強化を図るが、担保価値の下落などにより、資金ニーズに応えきれていない。したがって、新株や少人数私募債の発行が最も活発なゾーンである。	企業規模や成長性が大きい企業は、世界的な競争社会の中で、資金戦略を考えている。マーケットに対してIRの形態で情報を発信して直接金融の資金調達を行っている。
企業規模	生業的地場産業など、企業規模が小さく、成長性も小さい企業は、政府系の金融機関や信金や組合が資金の窓口となっているが、小さくても社会に必要な企業は直接金融がやりやすいゾーンでもある。	様々な成長力を秘めた企業が進出しているが、倒産リスクも高く、リスクマネーとしてベンチャーキャピタル（VC）が中心となっている。最近は利害関係者などに対しての新株発行や私募債発行による資金調達も増え出している。
（小）（小）	成長性	（大）

⑷　何のために存在しているのか

　顧客が商品やサービスを購入するのは、その商品やサービス、さらにはその商品やサービスを提供する企業に対して絶対の信頼感を持っているからである。これらが企業の暖簾や伝統を作ってきたといえる。

　ところが、こうした信頼感を失うとアッという間に企業の存在価値がなくなってしまう。昨今の大手企業の現実を見るまでもないだろう。

　逆にいえば、中小企業という特殊性を活かしたサポートしたい魅力のある企業づくりを行うことが今後の最大の資金調達戦略といえる。

　会社法や金商法などの法律の整備によって中小企業の資金調達方法には様々な選択肢が提供され出している。ただ、それはあくまで調達のインフラ整備ができたというだけのことだ。資金が実際に調達できるか否かは、中小企業がファンやサポーターという投資家にいかに「信頼を提供」できるかという一点にかかっているといっても過言ではない。

　そのための最低条件が、何のための会社であり、社会に何をもたらしているかであり、今後どのようにしていきたいのかという理念（理想と信念）、戦略、計画の有言実行型組織である。

　中小企業にとっての株式発行などによる直接金融は、まさに限定された市場における魅力のある企業づくりに他ならないといえる。

3 小さな会社でも「資本」で資金調達できる

⑴ 「量」から「率」の時代へ

　貸借対照表の右下にある「資本」をいかに増やすかが、中小企業経営の大きな課題になっている。現在の中小企業は、人口増加時代という時代背景に恵まれて金融機関からの借入れに頼る経営（土地資本主義の支援）で戦後70年以上も生き抜いてきた。過少資本のリスクをあまり感じなかったといえる。

　ところが、すでに始まっている人口減少社会は、「量」ではなく「率」を重視する経営にシフトせざるを得なくなり出している。そうすると、借入金依存型経営では、借入金の返済額という絶対量を確保しなければ、資金がショートして会社の継続に強い赤信号が灯り出してくる。

　20世紀では絶対量である売上高や利益額が重要視されてきた。とりあえず目先の仕事を受注して、金融機関に返済すべき資金を確保しなければ経営が成り立たなかったからだ。これが「量」を重要視する経営を生み出し、人口急増社会とも上手くマッチしていたのだ。

　現在はすでに人口が減少し始めている。現在の１億2,696万人（2020年）は、2050年には１億人を割り込み、移民の受入れなどの諸条件が整備されなければ、2090年には5,000万人台にまで半減する。「量」を稼ぐよりも、付加価値率を高めたり、労働生産性を高める経営にシフトしなければ会社の継続が難しくなってくるのは当然のことだろう。

⑵ ディスクロージャーが原則

　これからの人口減少社会では、借入金依存型から脱皮して自己資

本による資金調達を考えなければならない。

　自己資本の調達のためには、正当な資本主義の前提となる3つの課題が立ち塞がってくる。

---

① 有限責任制度
② 所有と経営の分離
③ ディスクロージャー

---

　①と②は、③のディスクロージャーの仕組みがしっかり成立すれば解決できる。ところが、中小企業はディスクロージャーが最も苦手である。

　自己資本を充実させるには、利益を蓄積していくか新株発行などで資本を増加させるしか方法がない。しかし、中小企業には「節税のために利益をできるだけ小さくしたい」「自社の数値内容はできるだけ外部に知られたくない」という2つのDNAが同居している。これが日本の中小企業の純資産（自己資本）比率が上昇せず、経営のオープン化が図れない最大の要因といっても過言ではないだろう。

(3)　株式と債券のどちらを選ぶか

　図表4-2は、社債や借入金など、他人資本による資金調達と新株発行による資金調達の違いをまとめたものである。中小企業にとっては、株式か債券かという法律上の問題と、配当か利息かという税務上の問題が大きく関わってくる。なぜなら、いずれもが中小企業のDNAに関わるからだ。

❖図表4-2❖　デットファイナンスとエクイティファイナンスの比較

項目	デットファイナンス 社債や借入金	エクイティファイナンス 新株発行（資本金）
支配権 （法律）	**会社**	**株主**
	債務を返済することで債権者より優位となる。	会社は株主の権利を勝手に奪えない。
コスト （税務）	**利息**	**配当**
	借入利息や社債利息は損金に算入できるため、税負担が減少する。	配当は税金を差し引かれた後の利益処分のため、損金算入できない。
財務体質 （財務）	**負債比率**	**純資産（自己資本）比率**
	負債が増加するため、自己資本比率は下がる。	資本増強のため、純資産比率が上昇する。
資金返済 （資金）	**返済あり**	**返済なし**
	必ず返済しなければならない。	出資者の責任（有限責任を負う。）
清算時取扱い （清算）	**優先権あり**	**残余分のみ配当**
	担保債権が優先され、その後、一般債権として返済される可能性がある。	資産処分は債務処理で終了するケースが多いが、余剰があれば配当される。
投資家視点からの比較		
重視	安全性 回収の確実性	成長性 キャピタルゲイン
情報	B/S（資金）	P/L（利益）

　法律上の問題とは、株式を発行するか、債券を発行するかという問題である。

　第三者などに新株発行などを行うと自社の経営をオープンにしなければならなくなる。本来、決算公告が義務付けられているのだが、

罰則規定がないため、ほとんどの中小企業は経営をオープンにしていない。

　しかし、自社の株主になってもらいたい人たち（おそらく中小企業の利害関係者）に対しては、自社を開示する意識が時代とともに高まってきた。株式の一部を所有してもらうことは、「やりたい事業の継続」を支援してもらうことにつながると理解され始めたからである。

　その上、会社法では、種類株式の発行によって社債の役割を果たす株式も発行できるようになってきた。社債の中にも新株予約権付社債などといった株式類似社債も存在している。デットとエクイティの境目が薄れ始めているのだ。

(4)　株式と債券は税務が異なる

　もう1つは、税務の問題である。社債や借入金の支払利息は、経費（損金）扱いになるため利益が圧縮され節税につながってくる。

　一方、株式配当は利益が確定して法人税等を支払った残りから支出される。つまり、配当は経費にならないのだ。したがって、支払うなら経費になる利息が有利と考えるのが通常だろう。

　ただし、配当はあくまでも利益が生じてから支払うかどうかを検討するものである。一方、利息は当初から確定している。会社から見ると、利益の一部を支払う配当か、赤字でも必ず支払う利息のどちらを選ぶかという判断が必要になる。

　いずれにしても、中小企業は自社をディスクローズしていくことがこれからの時代における資金調達の最大のテーマになっていくことに変わりはない。

4 新株発行には様々な種類がある

(1) 何のために新株を発行するのか

　株式（資本）による資金調達（ECM）には公募増資や新株予約権付社債（転換社債＝CB）、さらには、新規株式公開（IPO）などがある。

　新株発行に当たっては、図表4-3のようなマトリックスを使って検討する必要があるだろう。

　最も重要なのは、「誰に引き受けてもらうか」である。そのためには、「なぜ、何のために、新株を発行して資金を調達しなければならないのか」が明確になっていなければならない。自分が資金を運用するのに、「なぜ、何のために運用するのか」を考えるのと同様のことだ。目的が明確になって初めて、誰に引き受けてもらえばよいのかが見えてくる。

　図表4-3では、新株発行の引受人を限定した上で列挙しているが、広い視野で見ると世界中の人や企業のすべてが対象になる。地域社会の中で経営を行っている中小企業なら、その地域社会で生活している人や企業のすべてが対象になるといってもよいだろう。

(2) 中小企業も資金を集めやすい時代

　何のために、この地域で事業を営んでいるのか、その事業によって地域にどう貢献してきたのか、これからどのような影響を与えていくのかなどを明確にした経営をしていれば、賛同者は出資に応じてくれるはずである。

　また、普通株式だけではなく、自由設計の種類株式や新株予約権などの形態でも発行できるようになっている。現在の会社法は、資

金調達の自由化と会社の手続きの簡素化を中心として生まれたものだ。社会に役立ち、未来を見据えている中小企業にとっては、資金が集めやすいような時代になってきていることに気付いておかなければならない。

❖図表4-3❖　新株発行の検討マトリックス

引受人　　　　　発行形態	普通株式	種類株式	新株予約権
株主	現在の株主に追加の出資を依頼（株主割当）		
社員	従業員個人だけではなく、従業員持株会や取締役（役員持株会）も考えられる。		
取引先	今後の事業推進に重要な役割を果たす会社や個人を対象		
ベンチャーキャピタル	上場を意図しているため、成長力が重要		
公的キャピタル	中小企業投資育成会社は、育成と投資が中心		
エンジェル	個人だけではなく、資産管理会社やファンドも育っている。		
クラウドファンディング	株式型クラウドファンディングでファン株主を集める。		
M＆A	大手企業に自社株を売却するだけではなく、新株を引き受けてもらうこともある。		
MBO	会社の本業外の事業を切り離して本業に投資		
IPO	上場市場は店頭市場から一部市場まである。		

（※）どんな発行形態を採用するのか、誰に引き受けてもらうのかは「資金調達をする理由」から考えることが重要である。これが本来の財務戦略といわれるものだ。

Ⅱ 資本で資金を生む 14の方法

1 株主割当や第三者割当などで調達する

(1) 公募と私募の違い

　株式を公開している会社は、公開していることで信用が生まれ、なおかつ出資を募ることで容易に資金調達を行うことができる。これが公募増資である。

　それに対して、多くの中小企業は株式を公開していないので、既存の株主以外に対して公募で出資を募ることは容易ではない。

　そこで、次のような利害関係者に株式を発行することで引受手になってもらうことができる。これが私募増資だ。

---

① 役員

② 従業員

③ 役員や従業員の家族や親族など

④ 仕入先・外注先など（個人や企業）

⑤ 取引先などの社長や役員など

⑥ 優良顧客（個人や企業）

⑦ 店舗やオフィスの所有者（オーナー）など

---

⑧　役員持株会、従業員持株会などの民法上の組合
⑨　将来的に利害関係を持つこととなる個人や企業

　既存の株主に対して発行する場合を「株主割当増資」、既存株主以
外に発行するケースを「第三者割当増資」と呼んでいる。
　新株発行による増資は金融機関などからの借入金とは違い、返済
も金利負担もないことから、長期的な目的の設備投資などに活用さ
れることが多い。
　また、純資産（自己資本）比率の向上につながり、対外的な信用
力を付けることもできる。

(2)　株主割当増資の特徴

　株主割当増資とは、既存の株主に対して、その所有する株式数の
割合に応じた新株を取得する権利を与える増資形態である。特徴と
しては、次のような2点がある。

①　既存の株主に、平等に新株を取得する権利を与えるため、
　持分割合の低下などの問題を避けることができる。
②　すべての既存株主が増資の引受けをした場合、株主構成も
　変わらないため、会社の経営判断に影響を及ぼすことはない。

(3)　第三者割当増資の特徴

　第三者割当増資は、会社の利害関係者などに対して募集を行い、
申込者に対しても新株の発行を行う形態の増資である。

したがって、株主割当増資と違い、発行する株式の時価をしっかり算定しておく必要がある。特に、中小企業の場合は、第三者割当の対象者が利害関係者の範囲であることがほとんどのため、株価の算定によっては課税上の注意も必要となるだろう。

第三者割当増資の特徴としては、次のようなことがいえる。

---

① 会社の利害関係者などからの増資であるため、株主割当増資と比べてより広範囲な募集をかけて資金調達ができる。
② 公募などによる第三者割当増資と異なり、特定少数の株主の参加だけなので、経営面での不安を減らすことができる。
③ 既存株主ではない役員や従業員が新株を取得して新たに株主となることで、仕事に対するモチベーションアップにもつながる。
④ 取引先などからの出資を募ることで、協力関係をより強いものとすることができる。

---

(4) 増資の手続き

増資に関する事項を決定する場合、株式譲渡制限会社（非公開会社）か、譲渡制限がない会社（公開会社）かによって、新株発行に関する決定機関が変わる。中小企業の場合は大半が非公開会社のため、株主総会の決議で決定することとなる。

❖図表4-4❖　増資決定から登記までの主たる流れ

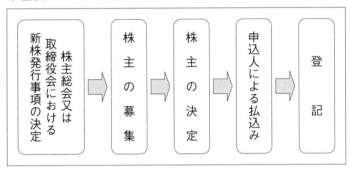

(5)　新株を発行する際の発行額

　第三者割当で新株を発行する際の発行額の注意点をまとめると、図表4-5の2点がポイントになる。

❖図表4-5❖　第三者割当による新株発行価額の注意点

① 　発行価額　　　　時価発行が原則なので株価の算定が必要となる。

② 　発行価額が特に有利な払込金額で行われる場合

・株式譲渡制限会社　・・・株主総会の決議
　　　　　　　　　　　　（定款に定めのある場合は取締役会の決議）
・譲渡制限がない会社・・・取締役会の決議
　　（会社法でいう、特に有利な価額（会社法199条3項）と税務上の
　　有利な価額（法人税基本通達2-3-7）は、必ずしも一致しな
　　い。会社法上では有利と判断されない場合でも、税法上は課税さ
　　れることもあるので注意が必要。）

2 第三者割当増資で共同化を図る

(1) 第三者割当増資の7つの目的

　第三者割当増資は、新株を発行して増資するもので、その主たる目的は資金調達である。ただし、資金調達以外に次のような目的を持って行われることもある。

① 財務体質の改善
　増資によって調達した資金で債務を返済することで、純資産（自己資本）比率を改善することができる。

② 債務超過の解消
　債務超過とは資産より負債が多く、資本が欠損している状態である。したがって資本を増加することで解消する。借入金を資本に変える DES や疑似 DES により行われることもある。

③ 経営の再建
　経営再建時には一時的な資金ニーズが発生するため、再建用資金と一時的損失の補塡用として資本を増強する。

④ 取引先との業務・資本提携
　経営権に影響が出ない程度の株式を持ち合うことにより、経営や業務の効率化のための提携を進めていく。

⑤ グループ再編
　グループ会社や系列会社の増資を引き受けて子会社化するなど、

グループ間の関係を強化するために行われる。

⑥　経営陣の支配権の維持

経営陣が増資を引き受けることにより、経営に対する支配権の強化を図るために行う。

⑦　先行投資用の資金調達

先行投資(新工場の建設や新規事業への支出など)を行うために、債務による調達ではなく株式を発行してリスクを減少させる。

(2)　第三者割当増資の手続き

第三者割当増資を行う場合(非公開会社で取締役会設置会社)は、次のような流れで行うこととなる。

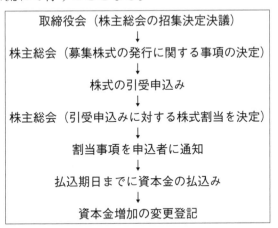

取締役会（株主総会の招集決定決議）
↓
株主総会（募集株式の発行に関する事項の決定）
↓
株式の引受申込み
↓
株主総会（引受申込みに対する株式割当を決定）
↓
割当事項を申込者に通知
↓
払込期日までに資本金の払込み
↓
資本金増加の変更登記

(3)　第三者割当増資による共同化

①　再建型の共同化

A 社が B 社の第三者割当増資を引き受けることにより、B 社に対

する出資比率を引き上げて、B社を子会社化する方法である。

　B社の事業構造を改革することによって事業の成長を図り、両社の企業価値を向上させるために行うことが多い。

②　他社との戦略的提携による共同化

　C社とD社は、将来の統合を視野に入れて戦略的な資本提携を行う。両社が相手先の出資依頼を引き受けて戦略的な業務提携を行うことができる。

(4)　取締役と引受人の責任

　第三者割当増資は、特定の第三者に株式を引き受けてもらうため、増資前と増資後では持株比率と支配権に変化が生じる。そのため、株式は時価で発行するが、有利な価額で発行されることもある。この場合、取締役と引受人には次のような責任が発生することを理解しておく必要がある。

①　取締役の責任

　著しく不公平な（低い）価額で株式を発行すると、旧株主の利益や会社の利益を損なうことになる。したがって、取締役は会社に対して損害賠償の責任を負う。株主が株主代表訴訟を提起することも可能だ。

②　引受人の責任

　著しく不公平な（低い）価額での株式の発行が取締役と共謀して行われた時は、引受人は公正な発行価額との差額を会社に支払う義務を負う。この場合も、株主が株主代表訴訟も提起できる。

3 ベンチャーキャピタルを活用する

(1) ベンチャーキャピタルの定義

　一般に金融機関は、中小・中堅企業などに「融資」という形態で資金を供給している。この資金供給を「出資」という形態で行っているのがベンチャーキャピタルという投資専門会社だ。

　成長志向のある中小・中堅企業をベンチャービジネスと呼び、そのベンチャービジネス（Venture Business）に資金（Capital）を提供しているので、頭文字をとって「VC」とも呼ばれている。

　VCと金融機関は以下のように、「投資」と「融資」の違いがある。

① ベンチャーキャピタル（VC）

　VCからは「出資」を受ける。VCは、その出資をした中小・中堅企業の株主になると同時に、パートナーとなる。そのため、中小企業には出資の返済義務は生じないが、出資（投資）に見合うリターンを求められることになる。

② 金融機関

　金融機関からは借入金として「融資」を受ける。企業は債務者となるので返済義務を負うとともに、利息の支払いが求められることとなる。

(2) ベンチャーキャピタルを選択するポイント

　VCといっても、次のように様々な組織や会社が存在する。そのため、中小企業は「何がしたいのか」「何を求めるのか」「何を一定のゴールとするのか」などを明確にして、VCを選択していかなけ

ればならない。

① ハンズオン型 VC

企業経営に深く関わり、パートナーとしてビジネスプランの作成や、改善・事業戦略の立案・販売チャネルの拡大・事業提携・業界ネットワーク活用などで企業価値を向上させ、会社の成長を図っていくタイプである。

② サイレント VC

出資はするが、経営にはあまり口を出さない VC のことだ。社長の意向や事業内容などの理由で、あまり VC の関与を受けたくない場合に選択すればよいだろう。

③ VC の系列別分類

VC によっては、専門性の高い事業や先端技術に関わる事業に特化して活動しているところもある。

政府系だけでなく、証券会社系、保険会社系、事業会社系、独立系、民間ベンチャー基金などがあり、自社の目的に合った VC を選択することが重要になってくる。

(3) 出資の原資はどうなっているか

VC にはファンド投資型とプロパー投資型があり、それぞれ出資の原資が違うため、投資先に対するスタンスも異なってくる。

① ファンド投資

図表4-6のように複数の出資者から出資を受けて、投資事業有

限責任組合（ファンド）を運営しているため、ファンドの投資効率が重要な出資スタンスになる。

❖図表4-6❖

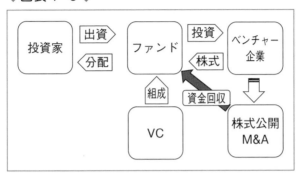

② プロパー投資

自己資金で出資を行っているため、投資効率が最優先ではなく、事業シナジーや技術情報収集の手段という出資スタンスもある。

❖図表4-7❖

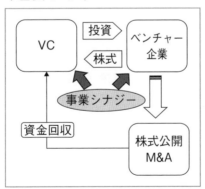

(4) ベンチャーキャピタルが投資したい会社

VCが投資をする場合の主な検討事項は次の4点である。

① 経営者

経営者及び経営陣の質が最も重視される。「その分野で経験や実績が豊富か」「明確なビジョンがあり、戦略や戦術が的確か」「相応の人脈を有しているか」などをチェックする。

② 商品・製品・サービス・技術の差異化

商品・製品・サービス・技術が、価格・機能・品質において競争を勝ち抜くだけの差異化が図られているかがポイントだ。

③ 成長市場

ターゲットとしている市場の方向性や参入のタイミングなどが適切かどうかを検討する。

④ 株式公開（IPO）の可能性

株式公開を目指しているのか、また株式公開の可能性があるのか、いつ頃なら可能かなどをチェックする。

❖図表4-8❖　VCからの出資を受けるメリット・デメリット

メリット	・役員派遣によるハンズオン支援（経営に参加して支援すること）が受けられる可能性がある。 ・事業提携先などの紹介を受けられる可能性がある。 ・社会的な信用力が高まる。 ・金融機関よりもリスク許容度が高い。 ・金融機関からの融資も受けやすくなる。
デメリット	・経営に関してVCの意向を反映させる必要がある。 ・株式公開が前提となるケースが多い。 ・IPOを目指すと、間接経費が増加する。 ・ノウハウが乏しいVCもある。 ・株式公開が見えなくなると、資金回収を優先する可能性がある。

4 中小企業投資育成会社を活用する

(1) 中小企業の大半が対象

中小企業が成長して一定規模になった場合には、資金需要が多くなり、資本の調達に苦労することが多い。そこで、中小企業の自己資本の充実と、健全な発展を図るための投資などを行うことを目的に、1963年1月に「中小企業投資育成株式会社法」が制定されている。投資業務を行う唯一の政策実施機関として東京・名古屋・大阪に設立されている。

❖図表4-9❖　3つの中小企業投資育成会社
（対応エリア別）

東京中小企業投資育成株式会社	
対応エリア	新潟・長野・静岡以東の18都道県
名古屋中小企業投資育成株式会社	
対応エリア	愛知・岐阜・三重・石川・富山の5県
大阪中小企業投資育成株式会社	
対応エリア	福井・滋賀・奈良・和歌山以西の24府県

中小企業投資育成が行う投資については、投資先企業の自主性を尊重する姿勢が採られている。

また、投資育成会社の対象となる中小企業は、資本金3億円以下の株式会社（これから設立予定も可）で、公序良俗に反しない業種とされている。つまり、ほとんどの中小企業が対象となるということだ。

(2) 投資育成会社からの資金調達

投資育成会社は、中小企業の株式だけでなく図表4-11のように、新株予約権や新株予約権付社債も引き受けることができる。

❖図表4-10❖ 株式の引受け

引受株式	中小企業の設立に際して発行される株式の引受け 中小企業の増資に際して発行される株式の引受け
引受価額	1株当たりの予想利益をもとに、会社の将来性を総合的に判断して評価される。
議決権比率	引受け後の議決権比率の50%以内で応じてもらえる。

❖図表4-11❖ 新株予約権・新株予約権付社債の引受け

新株予約権の行使価額	株式の引受価額と同様の方式で算出される。
利率	長期プライムレートを基準に決定される(変動制)。
引受限度	新株予約権をすべて行使した場合の議決権比率の50%以内となる。新株引受権のみの引受けも可能。

(3) 投資育成会社の育成業務

① 経営相談
中立的な株主として、資本政策や経営管理システム、後継者育成など、会社の発展の基礎となる重要な問題にも対応してくれる。

② ビジネスマッチング
投資育成会社3社で2,000社を超える投資ネットワークが存在し

ているので、取引先の拡大などもサポートできる。

③　株式公開支援
　資本政策の策定、社内管理体制の整備、あるいは公開申請手続きの支援などを受けることができる。

④　セミナー・情報提供
　社長会などの交流会や各種セミナー、あるいは専門家による無料相談会などに参加できる。

(4)　7つの審査基準と投資区分

　中小企業が投資育成会社に新株を引き受けてもらう場合には、基本的に会社の事業が成長・発展する見込みがあり、経営努力を行っていることが前提となる。

　さらに、次の7つの審査基準によって投資の可否が判断される。

---

①　経営者、経営管理層のマネジメント能力
②　設備、技術の優位性・独自性
③　事業の特徴、競争優位性及び成長性
④　営業・販売力
⑤　財務の健全性
⑥　収益力及び事業計画の実現可能性
⑦　その他、会社の審査に関して必要な事項

　また、投資を行う場合には、創業期投資と一般投資があり、その区分は設立後7年以内か7年超かで分類されている。

① 創業期投資（設立７年以内）

先端的・独創的な技術・サービスを持つ起業家、創業期の
ベンチャー企業で、上場を志向する企業を支援する。

② 一般投資（設立７年超）

投資事業と成長支援事業を通じて、中堅・中小企業の成長
を支援する。

(5) 投資までの流れ

投資育成会社に相談して、資金の振込みを受けるまでのスケ
ジュールは図表4-12のとおりである。

❖図表4-12❖

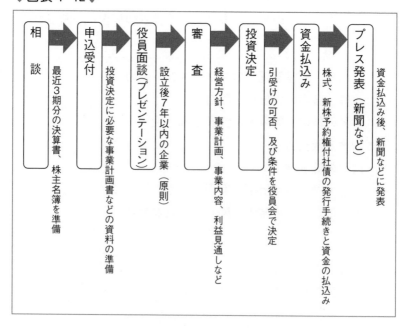

相談	申込受付	役員面談（プレゼンテーション）	審査	投資決定	資金払込み	プレス発表（新聞など）
最近3期分の決算書、株主名簿を準備	投資決定に必要な事業計画書などの資料の準備	設立後7年以内の企業（原則）	経営方針、事業計画、事業内容、利益見通しなど	引受けの可否、及び条件を役員会で決定	株式、新株予約権付社債の発行手続きと資金の払込み	資金払込み後、新聞などに発表

投資が完了した後は、中小企業は株主総会を開催して決算報告を行うことや、毎期の安定的な配当が求められることになる。つまり、あるべき中小企業のスタイルを要求されるということだ。

(6) 投資育成会社を利用するメリット

中小企業が投資育成会社を活用すると、単に資金調達だけではなく、次のような様々なメリットを得ることができる。

---

① 純資産（自己資本）比率が向上し、財務状態が上昇する。

② 長期の安定資金として活用ができる。

③ 株式が分散している場合には安定株主になる。

④ 税法上の自社株評価額が低下するケースがあるため、事業継承対策にもなる。

⑤ 資本政策の策定、社内管理体制の整備などの支援が受けられる。

⑥ 交流会や勉強会を通して、取引先の拡大や人脈づくりができる。

---

5 「エンジェル」を探し出す

(1) パトロンの企業版

　資本主義経済でいうエンジェルとは、投資家のことである。

　気に入った企業家を育てていこうという意識を持った個人投資家や企業はかなり増えてきた。

　古来より画家や作家、あるいは音楽家などの創作活動を支えるパトロンという存在があった。パトロン（patron）とは、ラテン語のパテル（pater＝父）から派生した言葉で、芸術家や政治家の活動を支援する資産家や企業のことである。売れない時代のアーティストやエンターテイナーなどの生活をサポートすることで、人材を育てていったのだ。したがって、エンジェルとは、パトロンの企業版ともいえるだろう。

(2) 金融資産の70％近くは高齢者が所有

　エンジェルはどこに居るのだろうか。日本には、約1,883兆円の個人金融資産がある（2020年6月末時点、図表4-13）。この金融資産の構成を見ると、現・預貯金だけで1,031兆円だ。統計をさかのぼると2005年以降で最高である。

　もちろん、自分の生活設計や老後資金として蓄積しているのだが、もう1つ特徴的なことがある。日本の純金融資産の70％近くは、60歳以上が保有しているということだ（約1,200兆円といわれる個人所有の不動産も、70％程度が60歳以上の所有といわれている）。

　日本社会は超過累進課税制度の徹底と相続税などの強化によって、一部の例外を除いて資産家を生み出さない政策を推し進め、一億総中流という格差の少ない社会（逆にいえば、平均的な人間づく

❖図表４-13❖　個人金融資産の構成（2020年６月末時点）

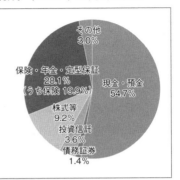

	（単位：兆円）
現金・預金	1,031
債務証券	26
投資信託	68
株式等	173
保険・年金・定型保証	528
その他	56

（出典）日本銀行「参考図表 2020年第２四半期の資金循環（速報）」

り）を生み出してきた。

　人口急増、経済成長を背景とした中で市場経済社会、資本主義制度をベースにした社会主義に近い官僚主導社会を構築してきたのだ。その後、金融緩和（公定歩合などの政策金利の引下げなどによる貸出金利の低下、貸出金額の増加が促され、資金調達が容易になる）などからバブル現象が起こった。この頃から所得税率の見直しや資産課税の軽減などが行われ出している。

　図表４-14のように、1988年から1992年にかけて個人の金融資産が増加しているのは、個人所有不動産が法人に売却され、その資金が金融資産として蓄積されたからだ。

　さらに、同時期の株式の上場ラッシュによって、株式を売却した個人に多額の資金が蓄積された。不動産の売却や株式の売却については、日本の税制としてはきわめて低い税率しか課税されていないので手取り資金は多くなる。

　このように、日本社会の中にエンジェルとなり得る資産背景を持つ層がかなり生まれてきたのだ。

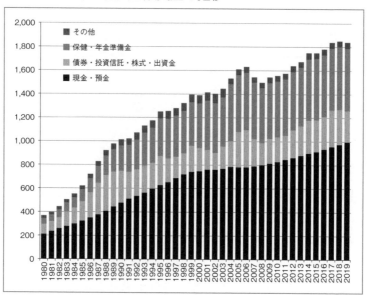

❖図表4-14❖　個人金融資産の推移

凡例:
- その他
- 保健・年金準備金
- 債券・投資信託・株式・出資金
- 現金・預金

（出典）日本銀行「資金循環の日米欧比較」などより作成

(3)　インターネットで広がる個人エンジェル

　もう１人のエンジェルがいる。インターネットの普及によって、小さな単位から投資ができるファンドのような仕組みが生まれているからだ。

　例えば、無添加の具と農薬不使用の国産雑穀を用いた身体に優しい「おにぎり」を提供するレストランが、２号店の出店資金を作るためにネット経由で出資を募ることとなった。一口３万円で上限は20口。つまり、一人60万円が最高である。３カ月で58人が出資して500万円が集まった。

　出資者たるエンジェルは、１号店の近くで勤務している20〜30代

で、1号店の常連客が中心である。配当は、2号店の売上に応じて決まり、月売上が130万円以上から配当が始まり、月300万円の目標売上になれば年5％配当になる。ファンドに組み入れているので、出資金は3年間で返還される。

　もちろん赤字が続けば配当もなく、出資金が返ってこないケースも生じる。それでも出資者のほとんどは、事業そのものに共感した1号店の大ファンばかりだ。したがって、エンジェルは顧客となったり、友人を連れてきたりして一生懸命支援することとなる。出資金は夢の代価だからだ。資金が戻るか戻らないかより、この店舗が永遠に存続し続けてくれる方が重要なのである。

　また、「市民風車」に出資する市民も全国各地で増えてきた。日本では自治体が中心となって風車の建設を担ってきた。

　風力発電の先進国であるドイツやデンマークでは、市民や地元の協同組合などが出資した市民風車が一般的である。ヨーロッパを中心とした風力発電の著しい成長は、こうした市民風車が基盤をつくってきたといえるだろう。市民風車はそれぞれの地域で建設され、自然エネルギーを生み出して自家消費以外を電力会社などに販売している。日本における市民風車は、2020年2月までに合計15基（定格出力41,760kW）、出資した市民は延べ4,000名を超えた。

　このように、支援型ファンドに自分の資金を少しでも役立ててほしいと考えている個人投資家は全国各地に数多く存在している。社会背景を考えると、今後はさらに増え続けていくことだろう。

⑷　スポーツ選手、芸能人、VB経営者などのエンジェル投資家

　成功した起業経験者がエンジェル投資家になるケースも増えている。特にIT（情報技術）事業で成功した40代くらいまでの起業家

が、後進の起業家を支援することが日本社会でも当たり前になりつつある。

　こうしたエンジェルは、成功体験があるため資金援助だけでなく、様々な経営支援にまで乗り出している。ここには、エンジェル税制も貢献しているようで、エンジェル税制を使った投資額は2017年度では45億円となっている。

　VCとの違いは、VCがビジネスとして投資先をチェックするのに対し、エンジェルは個人の判断でリスクを背負って投資している点だ。社会をよりよくできる会社の選択を個人で行えるため、決断が早いのが最大の特徴だろう。

　最近では、VCのようなファンド運用の期限もなく、出口戦略も考えているケースが少ないため、長期的な観点で支援できる強みもある。自己責任の強さといっても過言ではないだろう。

　また、有名人であるスポーツ選手や芸能人もエンジェル投資家に参加する機会が増えてきた。有名なタレントでは、ロンドンブーツ１号２号の田村淳氏や、厚切りジェイソンことジェイソン・デイヴィッド・ダニエルソン氏ら、スポーツ選手では、元サッカー日本代表の本田圭佑氏などは、様々な中小・中堅企業の個人投資家になっている。

　米国では、ハリウッドスターや有名スポーツ選手によるエンジェル投資は一般的で、セレブ投資家として若者から尊敬される存在だが、日本ではまだ投資活動を公表する有名人は少ない。

　実は、有名人から投資を受けることは広報支援にもつながってくる。個性ある中小企業もこうしたエンジェル投資家からどのようにすれば資金提供を受けることができるのかもこれからの資金調達戦略の１つになり出していることに気付いておくべきだろう。

6 エンジェル税制を理解する

(1) 日本のエンジェル税制

　エンジェルは増えているが、日本の税制が障害になっている。投資した中小企業が倒産して出資金が戻らなくなっても、投資家に対する配慮が何もないからだ。

　この問題は、日本とアメリカの寄付金税制の違いと同じである。アメリカでは寄付をすると、基本的にはほとんどのケースで税制のメリットが生じる。ところが、日本では国が定めた少数の団体以外への寄付についてはほとんど恩恵がない。

　しかし、日本でも1997年にエンジェル税制が創設され、さらにブラッシュアップされている。エンジェル税制とは「ベンチャー企業投資促進税制」のことである。一定の基準をクリアした中小企業へ投資をした個人投資家に対し、所得税の減税を行うという制度だ。

(2) エンジェル税制の2つの優遇措置

　エンジェル税制には図表4-15のように、2つの優遇措置がある。

　1つは、出資額から2,000円を差し引いた金額が投資家のその年の総所得金額から控除されるということだ（ただし、控除対象となる出資金の上限は、総所得金額の40％と1,000万円（2021年1月1日以降は800万円）のいずれか低い方である）。

　例えば、Aさんがエンジェル税制の適用がある中小企業に500万円出資したとしよう。その年のAさんの総所得金額は1,000万円。簡単にいえば、下記のようにAさんは500万円出資することによってその年度の所得から399万8,000円が差し引かれる。

　投資にもかかわらず、個人所得の計算上では経費（寄附金）とし

て取り扱われるというわけだ。

【控除金額の算出】
　①　500万円（出資額）－ 2,000円 ＝ <u>4,998,000円</u>
　②　1,000万円（総所得金額）× 40％ － 2,000円 ＝
　　　<u>3,998,000円</u>
　したがって、①と②の低い方である3,998,000円が控除されることとなる。

その結果、出資していたベンチャー企業に対するＡさんの株式取得原価は下記のように100万2,000円となる。さらに将来、この株式を売却して赤字になってもその損失分はその年、又は翌年以降３年間、株式譲渡益からの繰越が可能になる。

【Ａさんの株式取得原価の計算】
500万円 － 3,998,000円 ＝ <u>1,002,000円</u>

もう１つの優遇措置は、出資した中小企業への投資額が、他に所有する株式の売却益から差し引くことができるということだ。
　Ａさんが500万円を投資した同じ年に他の株式を売却して500万円の利益を得ていたとしよう。この売却益500万円から出資した500万円を差し引くことができるので、譲渡益に対する課税はなくなる。出資額全額が株式売却損として取り扱われるからだ。
　また、図表４-15のＡとＢの要件がいずれも揃っていれば、両者を比較して有利な方を活用することも可能である。自社のビジネス

モデルが、こうした優遇措置の対象になるかどうか、あるいは、対象となるためにはどうすればよいかなどを検討するのも一考だろう。

❖図表4−15❖　エンジェル税制の対象企業の要件

| 優遇措置Aの
対象となる企業 | ① | 創業（設立）5年未満の中小企業者であること。 |
| | ② | 下記のAの要件を満たすこと。 |

| 優遇措置Bの
対象となる企業 | ① | 創業（設立）10年未満の中小企業者であること。 |
| | ② | 下記のBの要件を満たすこと。 |

　この他に、共通条件として、③特定の株主グループからの合計が6分の5を超えない会社、④上場会社等と特殊な関係がない、⑤風俗営業等に該当しない、という要件がある。

	設立経過年数 （事業年度）	要件
A	1年未満かつ 最初の事業年 度を未経過	研究者あるいは新事業活動従事者が2人以上かつ常勤の役員・従業員の10%以上。
	1年未満かつ 最初の事業年 度を経過	研究者あるいは新事業活動従事者が2人以上かつ常勤の役員・従業員の10%以上で、直前期までの営業キャッシュ・フローが赤字。
		試験研究費等（宣伝費、マーケティング費用を含む）が収入金額の5％超で直前期までの営業キャッシュ・フローが赤字。
	1年以上〜2 年未満	新事業活動従事者が2人以上かつ常勤の役員・従業員の10%以上で、直前期までの営業キャッシュ・フローが赤字。
		試験研究費等（宣伝費、マーケティング費用を含む）が収入金額の5％超で直前期までの営業キャッシュ・フローが赤字。
		売上高成長率が25%超で営業キャッシュ・フローが赤字。

A	2年以上～3年未満	試験研究費等（宣伝費、マーケティング費用を含む）が収入金額の5％超で直前期までの営業キャッシュ・フローが赤字。
		売上高成長率が25％超で営業キャッシュ・フローが赤字。
	3年以上～5年未満	試験研究費等（宣伝費、マーケティング費用を含む）が収入金額の5％超で直前期までの営業キャッシュ・フローが赤字。
B	1年未満かつ最初の事業年度を未経過	研究者あるいは新事業活動従事者が2人以上かつ常勤の役員・従業員の10％以上。
	1年未満かつ最初の事業年度を経過	研究者あるいは新事業活動従事者が2人以上かつ常勤の役員・従業員の10％以上。
		試験研究費等（宣伝費、マーケティング費用を含む）が収入金額の3％超。
	1年以上～2年未満	新事業活動従事者が2人以上かつ常勤の役員・従業員の10％以上。
		試験研究費等（宣伝費、マーケティング費用を含む）が収入金額の3％超。
		売上高成長率が25％超。
	2年以上～5年未満	試験研究費等（宣伝費、マーケティング費用を含む）が収入金額の3％超。
		売上高成長率が25％超。
	5年以上～10年未満	試験研究費等（宣伝費、マーケティング費用を含む）が収入金額の5％超。

（出典）中小企業庁ホームページ

(3) エンジェル税制の対象となる中小企業

エンジェル税制の対象となる中小企業には、業種、資本金、社員数による定義がある。まとめると、図表4-16のようになっている。

❖図表4-16❖ 中小企業者（株式会社）の定義

業種	資本金の額		従業員数
製造業、建設業、運輸業、その他の業種	3億円以下	又は	300人以下
卸売業	1億円以下	又は	100人以下
サービス業	5,000万円以下	又は	100人以下
小売業	5,000万円以下	又は	50人以下
ゴム製品製造業	3億円以下	又は	900人以下
ソフトウェア業、情報処理サービス業	3億円以下	又は	300人以下
旅館業	5,000万円以下	又は	200人以下
（※）中小企業は、"中小企業等経営強化法" 2条1号から5号に定義する中小企業のこと。			

（出典）中小企業庁ホームページ

(4) 投資家（個人）の要件と可否判断フローチャート

　投資家が投資した年の減税措置（優遇措置A・B）、売却した年の減税措置（A・B）の共通の要件は次の2つである。

> ① 金銭の払込みにより対象となる企業の株式を取得していること（株の譲受けや現物出資による取得のケースは対象とならない）。
> ② 対象会社が同族会社である場合には、所有割合が1～3位の株主の所有割合を順に加算し、その割合が初めて50％超になる時における株主に属していないこと。

　図表4-17のエンジェル税制の適用可否判断フローチャートを参考にして、自社をチェックするとよいだろう。

❖図表4-17❖　エンジェル税制適用可否判断フローチャート

（出典）経済産業省・中小企業庁ホームページ

7 設計自由な「種類株式」を発行する

(1) 種類株式の発行

2006年5月に施行された会社法で、株式譲渡制限会社に関しては普通株式以外に「自由に株主の権利を設計できる株式」の発行が可能になった。株式譲渡制限会社とは、会社法107条で規定する中小企業のことだ。次の2つがポイントといえるだろう。

---

① 株式の譲渡をするためには、会社の承認を得なければならない。

② 会社の承認とは、取締役会が設置されている場合には取締役会の承認、設置されていない会社では原則は株主総会の承認が必要である。

ここでいう「自由に株主の権利を設計できる株式」が種類株式である。会社法108条1項では、図表4-18のような9つのパターンが用意されている。それぞれの会社の状況に応じて株式の内容を自由に設計できるというわけだ。

種類株式は登記要件となっており、発行するためには定款の変更が必要になる。そのため、株主総会による特別決議が求められる。

種類株式による資金調達の具体例をいくつか見ていこう。

❖図表4-18❖　種類株式（会社法108条1項）

条文各号	種類	内容
1号	配当優先（劣後）株式	剰余金の配当が優先、又は劣後である株式
2号	残余財産分配優先（劣後）株式	残余財産の分配が優先、又は劣後である株式
3号	議決権制限種類株式	全部又は一部の事項に議決権がない株式
4号	譲渡制限種類株式	譲渡するのに会社等の承認を必要とする株式
5号	取得請求権付株式	株主が会社に対して取得を請求できる株式
6号	取得条項付株式	会社が一定の条件のもと取得できる株式
7号	全部取得条項付株式	会社が一定の条件のもと全部取得できる株式
8号	拒否権付種類株式（黄金株）	株主総会等の決議に拒否できる株式
9号	選解任権付種類株式	取締役や監査役を選任・解任できる株式

(2)　「議決権制限株式」のケーススタディ（3号）

　発行対象を取引先などの企業に絞ると、どんな株式が求められるだろうか。

　取引先などは会社の経営に参加したいわけではなく、取引の継続や運用が目的になる。そうすると、一般の株主よりも配当を優先的に受ける権利がある株式を発行する方が引き受けやすくなる。

こうした場合には「配当を優先するが議決権を制限する」株式を発行する。配当を優先する代わりに、議決権を制限するわけだ。経営には直接参加させないが、資本として資金を調達することができる。

(3) 「取得請求権付株式」のケーススタディ（5号）

出資先企業の経営状態が悪く、計画に沿った配当を受け取ることができない場合、「議決権のある普通株式に転換することを請求できる権利」が付いている株式のことだ。

この場合、請求できる株式の対価や算定方法、あるいは、請求期間については定款で明記する必要がある。この対価には社債、現金、普通株式などがあげられる。

(4) 「取得条項付株式」のケーススタディ（6号）

取得請求権付株式が「株主側に権利がある」のに対して、「会社側に権利がある」株式が取得条項付株式である。

例えば、配当優先で議決権制限株式を発行したにもかかわらず、配当が計画通りに出せない場合も考えられる。この場合には、発行した種類株式を会社側の一方的な都合で普通株式などと交換することができるようにしておくことも可能だ。

これが取得条項付株式である。取得条項付株式は、会社の株主総会の決議により強制的に取得することもできる。

(5) 「全部取得条項付株式」のケーススタディ（7号）

会社法で全部取得条項付株式が制定されたことで、図表4-19のように、特別決議により株主の変更が可能となった。

例えば、会社再生などで支援するスポンサーが新たに株主となる場合には、旧株主から新株主（スポンサー）へ総入替えが必要とな

るケースがある。その際には全部取得条項付株式の対価を無償と定めて発行することもできるわけだ。

❖図表4-19❖　株主チェンジの流れ

	内容	必要な決議
①	旧株主の既発行株式を全部取得条項付株式へ変更	株主総会の特別決議（発行手続き）
②	全部取得条項付株式の取得	株主総会の特別決議（取得手続き）取得対価の決定
	新株主への普通株式発行	株主総会の特別決議
③	自己株式（全部取得条項付株式の消却）	原則：取締役会の決議

⑹ 「拒否権付種類株式」のケーススタディ（8号）

　相続対策などで株式の大半を後継者らに相続してしまうと、後継者らの判断ミスや暴走を防ぐことができなくなる。こうした場合に1株だけ拒否権付種類株式を発行し、その拒否権付種類株式だけは先代が取得することで、株主総会の決議で拒否することができる。

　強力な権利がある株式のため、通称「黄金株」ともいわれている。

8 新株予約権を付与する

(1) 新株予約権とは何か

　会社が前もって「特定の個人や法人に、あらかじめ決めた価額で新株を引き受ける権利を与えること」を新株予約権という。

　したがって、通常の公募や株主割当増資などとは異なり、新株を引き受ける権利を付与すると同時に払込みを受けるわけではない。新株予約権者が正式に「新株を購入する」と権利行使をした時に、募集の際に決められた条件で新株を発行することになるわけだ。

　つまり、権利を与える時期と行使する時期にタイムラグが生じているため、行使するまでは資金調達はできない。この時点では潜在的株主（新株予約権を与えられた個人や法人）の状態である。

　また、新株予約権付与の場合に、新株予約権を与えるだけではなく、会社の状況に合わせて、新株予約権付社債や取得条項付新株予約権などとして付与することもできる。

❖図表 4 -20❖　新株予約権の付与から新株発行までの流れ

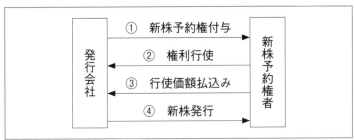

⑵　新株予約権のメリット

新株予約権によって次のような効果を得ることができる。

①　発行会社としてのメリット

> ⑴　株価が有利な時に権利行使ができるので、既存の株主以外
> に潜在的な株主の増加を見込める。
> ㈹　新株予約権の権利行使期限を設定するので、計画的な資金
> 調達を進めることができる。

②　株主（新株予約権者）のメリット

> ⑴　現状の業績では出資の判断ができない場合でも、潜在的な
> 株主として将来の業績を期待し、中長期的に関係を維持する
> ことができる。
> ㈹　特に定めのある場合を除き、他人への譲渡は原則自由であ
> る。

⑶　中小企業のための新株予約権の利用法

新株予約権は、次のように会社の目的や状況に応じて利用できる。

①　ストックオプションとしての利用

会社の役員や従業員の利害関係者に無償で付与する。新株予約権
者は、付与された発行価額より会社の株価が上がれば、それだけ利
益を得ることとなるので、経営への参加意識の向上につながる。

②　社債と組み合わせての利用

　新株予約権は、発行と同時に払込みが行われるわけではないので、短期的な資金調達には適していない。そこで、新株予約権付社債を発行することで、新株予約権部分を無償で付与しながら、社債部分で資金調達を行うことができる。

③　金融機関などからの借入れに利用

　新設会社で実績もないが、将来成長が期待できるベンチャー企業などは、金融機関に新株予約権を付与することで借入れの条件を有利に設定してもらうことができる可能性が高まる。

④　買収などへの予防策

　公募増資や第三者割当増資によって既存株主以外の株主の持分割合が増えることにより、経営支配権が脅かされるケースがある。そこで、安定的株主に対して新株予約権を付与して株式割合を下げることができる。

(4)　新株予約権を譲渡する場合の注意点

　新株予約権は、特に定めのある場合を除き自由に譲渡ができてしまうため、譲渡制限のない会社の場合は管理が困難になってしまう。そこで、新株予約権を発行する場合には、株式を譲渡する際に取締役会の承認が必要となる旨の記載をしておくことが望まれる。

(5)　新株予約権発行の流れ

　新株予約権発行の手続きを実際の流れに沿って確認してみよう。
　新株予約権の発行に関する決定機関は、新株発行による増資手続きと同様だ。新株予約権証券を発行しないケースでの手続きは次の

ようになっている。

❖図表4-21❖

① 株主総会又は取締役会における募集事項の決定
- 株主総会での特別決議を行う。
- 発行価額の注意点は次の2つ
  - 時価発行が原則
  - 特に有利な払込金額で行われるのであれば、株主総会での決議となる（定款に定めのある場合は取締役会の決議）。

② 申込者に対する通知
- 申込期日の2週間前までに公告又は通知を行わなければならない。

③ 新株予約権の割当の決定
- 取締役会は申込者の中から決定し、割当日の前日までにその引受者に新株予約権の数を通知しなければならない。

④ 新株予約権原簿の作成
- 新株予約権を発行したら管理者を決定し、遅滞なく新株予約権原簿を作成する。

⑤ 登　　記
- 新株予約権発行後、2週間以内に、本店所在地にて登記を行う。

⑥ 新株予約権の権利行使
- 新株予約権者は新株予約権行使書に新株予約権数や行使年月日等の必要事項を記入の上、所定の金融機関に権利行使金銭の払込みを行う。
- 新株予約権を行使した新株予約権者は権利を行使した日に株主になる。

(6)　新株予約権のケーススタディ

新株予約権の手続きは、次のように簡便化されている。

---

① 定款に規定する必要がない。

② 新株予約権を発行するたびに取締役会で定めるだけでよい。

③ ただし、取締役会に新株予約権の譲渡制限をさせないためには、定款で定める必要がある。

投下資本の回収可能性(譲渡性)を高くするかどうかについても、取締役会だけで迅速な対応ができるというわけだ。

半導体検査装置の新設開発会社（A社）がNECに新株予約権を付与（株式の値上がり益期待）して、NECから研究開発支援を受けたケースがある（図表4-22）。

NECの工場を利用させてもらったり、製品の検証などの人的メリットを提供してもらうために行ったケースだ。

❖図表4-22❖

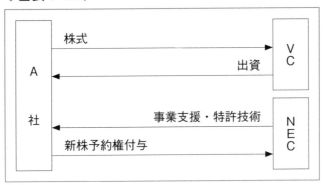

(1)　民法上の組織である従業員（社員）持株会

　従業員持株会とは民法上の組合であり、従業員が自社の株式を取得することを奨励する制度のことである。

　従業員が株式を取得する方法は、定期的（通常の給料や賞与からの天引きによる拠出）、又は臨時的（給料や賞与からの天引きによらない従業員の払込みによる拠出）に持株会に拠出することで株主になることができる。

❖図表4-23❖　従業員持株会の基本的な流れ

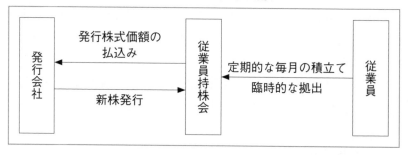

　従業員持株会の他に、取締役により構成されている取締役持株会や、取引先により構成されている取引先持株会もある。

　これらは、いずれも会社にとっての利害関係者であり、取締役の経営意識の向上や、取引先との関係強化につながってくる。

(2)　個人の従業員株主と従業員持株会の違い

　従業員が個人株主となるか、持株会を通して株主となるかについ

ては、資金調達という面で違いはない。ただ、管理や手続き等においては図表4-24のような違いがある。

❖図表4-24❖　個人株主と持株会の相違点

	個人従業員株主	持株会
名義	各株主	持株会
管理	株主ごとなので株主名義管理が煩雑になりやすい。	持株会を一株主とみるので管理がしやすい。
譲渡	譲渡制限のない株式の場合、原則自由に譲渡できるため、敵対的な相手に渡るなどの想定外の問題が発生する可能性が高い。	あらかじめ持株会規約で規定しておくことで、想定外の流出を避けることができる。
議決権の行使	各株主に行使するので、意見が割れる可能性が高い。	持株会理事長が行使するので意見の取りまとめがしやすい。
購入金額	一株単位なので取得が限られた人だけになりやすい。	拠出金額により案分されるので単位未満の金額でも購入できるため、多くの人が取得できる。

(3)　持株会の5つのメリット

　中小企業が従業員から従業員持株会を通じて資金調達をすることは、次のような5つの効果を生むことになる。

　① 従業員には経営に参加しているという意識が生じる上、将来の成長への期待から長期雇用にもつながる。
　② 定期的な拠出をしてもらうことで、安定的なキャッシュフ

ローを生み出すことができる。

③　従業員が自社の株式を取得することを奨励する制度のため、福利厚生制度の一環として、自社株取得手当等などを設けることができる。

④　個人ごとの従業員株主の場合、譲渡制限のない株式だと自由に譲渡ができてしまうが、持株会を通じてなら敵対的な相手に渡ってしまうなどの心配がなくなる。

⑤　第三者割当増資のように会社の経営に関係のない株主が増加するのを抑えることができ、会社と利害関係の深い安定株主（長期的に株式を保有する株主）を得ることができる。

(4)　持株会の３つの注意点

　従業員持株会による資金調達をする場合、次のように注意すべき項目が３点ある。

①　持株会を通じて従業員の持株割合が増加した場合、経営に対する影響力などが増加する。

②　議決権のある株式を取得した場合、必ずしも従業員の意見が１つにまとまるわけではないため、議決権行使がスムーズに進まないこともあり得る。

③　従業員が期待するような業績が出ず、無配当などが発生した場合、従業員のモチベーションの低下につながる可能性がある。

(5) 日本版 ESOP（イソップ）の活用

従業員持株会の活用の1つに日本版 ESOP（Employee Stock Ownership Plan）という制度がある。

ただし、日本版 ESOP はアメリカの ESOP とは異なり、根拠法に基づいた制度ではない。

日本版 ESOP には、金融商品（信託）などを使って、持株会を組み込んだ持株会型 ESOP や、退職時に退職金の一部として従業員に自社株を給付するといった退職給付型 ESOP がある。

(6) 日本版 ESOP のメリット

日本版ESOPのメリットは、次のような事項があげられるだろう。

---

① 市場から自社株式を取得するのは信託受託者であり、持株会は信託受託者から自社株を購入することになる。そのため、株価変動リスクを減らすことができ、持株会の自社株購入をスムーズに進めることができる。
② 自社株の取得・運用を信託受益者に委託することで従業員持株会の管理・運営が容易になる。
③ 会社や従業員持株会に合った金融商品を使える。
④ 会社が保証をすることで、信託受託者は金融機関から借入れができ、直接市場から自社株を取得することができる。

---

(7) 中小企業で活用できる日本版 ESOP

中小企業の株式は市場で取得できないため、信託受託者が株式を

取得するには、既存株主（自社株式を含む）の株式や新しく発行した新株を引き受けることとなる。

しかし、中小企業は大企業と比べて従業員が少ないため、従業員持株会への拠出金額が少なく、従業員持株会が一定の株数を取得するには時間がかかってしまう。

そこで、図表4-25のようなケースであれば、信託受託者が一定の株数を取得しながら、会社も資金調達をすることができることとなる。

❖図表4-25❖ 中小企業が活用できる日本版持株会型ESOP

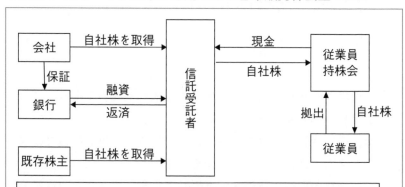

①　借入れをすることで信託受託者が一度に株式を取得できる。

②　同族会社の株式を信託受託者を通して、又は新株を発行して従業員持株会に取得させることで、株主の持株比率を下げることにもなるので、税務的にも節税効果を受けられる。

③　会社が自社株を保有している場合や新株を発行する場合は会社への資金流入となるので、間接的な資金調達の手段として活用することができる。

⑻ 従業員持株会とESOPの違い

従業員持株会とアメリカのESOPの違いは図表4-26のとおりである。

基本的に、従業員が株を取得することには大きな違いはない。ただし、従業員持株会は「従業員が自社の株を取得することで資産形成を奨励する制度」だが、アメリカのESOPは「従業員が自社の株を取得することで退職金形成を奨励する制度」となっている。

そのため、日本版ESOPは両者の折衷的要素があるスキームといえるため、会社は柔軟性のある日本版ESOPにより資金調達を進めることができるわけだ。

❖図表4-26❖　従業員持株会とESOPの違い

	従業員持株会	日本版ESOP	アメリカのESOP
名義管理者	民法上の組合	信託など	信託など
拠出	従業員： 給与天引き、振込み	企業	企業： 福利厚生費 （奨励金）
	企業： 福利厚生費（奨励金）	金融機関	
参加者	希望者	全員	全員
解約	随時	一定期間後	退職時

10 クラウドファンディングで調達する

(1) クラウドファンディングのタイプ

　インターネットで不特定多数から少しずつ資金を募り、企業が考えているプロジェクトを実行する資金の調達方法をクラウドファンディング（CF）という。Crowd（群衆）と funding（資金調達）を重ねた造語だ。

　CF には図表4-27のように、①寄付型、②購入型、③貸付型、④ファンド型、⑤株式型という5つの種類がある。このうち法的規制がないのが①と②であり、金商法などの規制を受けるのが③〜⑤となっている（図表4-28）。

　2017年度は新規プロジェクト支援者が倍増し、なかでも購入型に占める支援者数は全体の58％と半数以上となっている。2018年度はいずれのタイプも支援額は増加し、総額では2,000億円を超えるまでに成長した。

❖図表4-27❖　クラウドファンディングの5つのタイプ

①	寄付型	基本的には資金提供の見返りを求めないが、返礼がある場合もある。
②	購入型	製品やサービスを割安、又は優先的に購入できる。
③	貸付型	金利が得られ、将来、返済も受けられる。
④	ファンド型	事業の成功に応じて見返りが期待できる。
⑤	株式型	未公開の株式を取得することができる。

❖図表4-28❖　クラウドファンディング5類型の法規制（日本）

みなし有価証券（制限なし）　→　第二種金融商品取引業者
みなし有価証券
（総額1億円未満、1人当たり50万円以下）　→　第二種少額電子募集取扱業者

第二種金融商品
取引業協会

金融商品取引法　　　貸付業法

寄付型
購入型

ファンド型　　貸付型

株式型

業規制
行為規制

電子募集
規制

規制なし

日本証券業協会規則

株券（1社当たり総額1億円未満、1人当たり50万円以下）　→　第一種金融商品取引業者（証券会社）
第一種少額電子募集取扱業者（特定業務会員）

（出典）DANベンチャーキャピタル株式会社

　購入型（販促型ともいう）の実例を見てみよう。

①　アニメ映画化支援（2015年）

　片渕須直監督（原作：こうの史代）による『この世界の片隅に』
の映画製作費の支援を募り、3,374人から約3,912万円が集まり成立。

②　雑誌専門図書館支援（2017年）

　大宅壮一文庫（日本最初の雑誌図書館）の赤字補塡の運営費500万
円を目標としたが3日間で達成。最終的には760人から854万5,000
円を集めて経営難を支える。

　また、寄付型は松山市が道後温泉のシンボルである市営の公衆浴

場「道後温泉本館」の改修費用に充てるため、2017年から７年間で５億円の寄付を募っている。個人は１万円、法人は10万円からの予定で、費用の確保とともに、一般の人にも改修に関わってもらい、地域活性化につなげるようというわけだ。地方自治体が「ふるさと納税」制度と寄付型 CF を上手に併用し出しているケースもある。

(2) 株式型 CF 制度の概要

株式型は2015年５月の法改正で日本でも可能となった新しいタイプの CF である。インターネットで小口の株主を募って資金を集めることができるのが特徴といえるだろう。

株式型 CF は、米、英を中心に世界で急速に成長してきた。その背景は次のように考えられ、日本においても今後さらなる発展が見込まれている。

---

① 購入型と比較するとまとまった資金の調達がしやすい（購入型は１プロジェクトの平均調達額が100万円程度に対し、株式型は2,000万円程度）。
② 貸付型やファンド型と異なり、返済不要で、長期安定資金として活用できる。
③ 株価を将来の収益に基づいて算定する等の方法や種類株式の活用をすることで、創業経営者の持株比率を維持できる。

日本では、DAN ベンチャーキャピタル株式会社が2017年９月に株式型の CF のプラットフォーム（**GoAngel**）を開設した。

2017年には４社の募集に関わり、そのうちの１社は日本初の株式会社立小学校と幼稚園を経営している株式会社エデューレエルシー

エーである。エデューレエルシーエーは、東京都の英語村にソフト
を提供したり、新しい学校スタイルを浸透させながら新株予約権付
社債や少人数私募債などを発行するなど、21世紀型の資金調達法を
上手に活用している。

(3)　クラウドファンディングの会計処理と消費税

　CFについては、タイプによって資金調達側も投資側も会計処理
が異なってくる。また、会計処理の取扱いから類型別の内容がわか
りやすくなる。

　これからは、成長意欲の高い中小企業にとって、株式投資型のク
ラウドファンディングをどのように使いこなすかも、資金調達戦略
の1つになり出してくるだろう。

❖図表4-29❖　クラウドファンディングの会計処理と消費税

タイプ	会計処理		消費税
	投資側	調達側	
寄付型	寄付金	寄付金収入・受贈益	不課税
購入型	前渡金	前受金	課税
貸付型	出資金	借入金	課税対象外
ファンド型	出資金	匿名組合預り金	課税対象外
株式型	投資有価証券	資本金・資本準備金	非課税

　上記のように、同じクラウドファンディングでも、購入型や貸付
型ならデットファイナンスになるが、株式型ならエクイティファイ

ナンスとなる。ただし、購入型は前受金となるため、理想的な資金
調達ともいえる。

Column 共感型投資としてのクラウドファンディング

　企業がインターネット上でビジネスモデルを告知してそのための資金
を不特定多数から集める仕組みをクラウドファンディングという。小口
資金を多数から集めるため共感型投資ともいわれている。

　クラウドファンディングには、①寄付型、②購入型、③投資型という
３つのタイプがある。

　①の寄付型とは、まさに直接見返りのない行為で社会貢献活動の一形
態ともいえるだろう。純粋な支援活動といえる。

　②購入型とは、開発中の製品やコンテンツビジネスなどの予約販売タ
イプといえる。これからこんな店舗をオープンするが、オープン後には
商品やサービスを格安で提供するといったケースなどが該当する。大手
企業もマーケティングの一種として顧客がどれくらい存在するかを購入
型クラウドファンディングを実行することで検証している。

　③投資型とは、さらに貸付型、株式型、ファンド型の３つに分けられ
る。貸付型は企業からみると資金を借りて金利を支払うタイプで、株式
型は非上場会社の新たに発行する株式を対象とするものだ。この場合、
株主が増えるため優先株を発行するケースが多くなる。特定の事業を
ファンド化して、その事業から得られる収益の分配を行うというのが
ファンド型である。いずれにしても、中小企業にとっての新しいファイ
ナンス戦略になってくることだろう。

11 事業譲渡や業務提携による資金調達

(1) M&A とは何か

M&A とは「Mergers and Acquisitions」の略称で、直訳すると「合併と買収」のことだ。会社そのものを商品として売買する手法が M&A といえる。

M&A には、株式譲渡、事業譲渡、合併、分割、業務提携などがあり、事業の全部か一部かによって次のように区分できる。

❖図表 4 -30❖

事業の全部	事業の一部
事業譲渡 株式譲渡 合併＋株式譲渡 分割＋株式譲渡（＋清算）	事業譲渡 分割＋株式譲渡 業務提携（資本提携など）

(2) 資金調達として利用できる M&A

上記の M&A の方法のうち、資金調達の手段として考えられるのは次の4つである。

① 株式譲渡

企業の株式をオーナー一族が保有しているなど、株主が比較的少数で、会社の財務内容が健全であれば、株式の全部又は一部を譲渡して経営に参加してもらうのが一番簡単な方法である。

税務上も他の所得とは区分されて、株式売却益が発生しても分離課税として売却益の20.315％（所得税・住民税、及び復興特別所得税）の税率しか課されないので、手取り資金も多くなる。

しかし、簿外債務や保証の有無など、書面上では見えない部分の

判断をデューデリジェンスのみで行うことになり、買う側としては慎重にならざるを得なくなるだろう。

この場合の資金調達の主体はオーナー個人になるため、中小企業からするとオーナーから借り入れるか、社債を発行して引き受けてもらうといった次の手段を講じることになる。

②　事業譲渡

事業譲渡とは、会社の事業分野の資産・負債を選んで譲渡するものだ。譲渡契約を結ぶので、その契約書に記載されていない簿外債務・保証債務などについては影響を与えない。

つまり、資産から負債を差し引いた金額（一種の営業権）について資金調達できることになるわけだ。

③　業務提携

複数の企業が、相互の商品企画や販売活動で協力し合うことで、更なる強力な立場を築くことが可能だ。そのために同業者又は敵対業者間で、業務提携を結ぶことになる。

業務提携は営業上での協力関係に関する契約なので、簡単に提携したり解約したりできるが、資本参加を伴う資本提携を結ぶことでより強い関係を結ぶことができる。

お互いに株を持ち合うことで、協力の意思を確認するという意味もあるため、資本提携は広義のM&Aとも考えられる。

④　合併（＋　株式譲渡）

合併は複数の企業が法定手続きにより統合することである。合併には、吸収合併と新設合併の２種類がある。

吸収合併とは、合併当事者のうち１社が存続し、他の法人は解散

する合併で、新設合併とは、新設会社1社を設立し、合併当事者の
すべてが解散する合併のことだ。

　合併によってオーナー個人が「対価の柔軟化」などにより他社株
式や現金等を取得するため、①の株式譲渡の時と同様に、資金調達
ができるのはオーナー個人になるため、次の一手も必要になる。

(3)　事業譲渡と業務提携のケーススタディ

　A社とB社は、いずれも類似した商品Xを小売りしているため、
一種のライバル業者である。しかし、A社は不動産部門による失敗
から資金繰りが悪化、金融機関からも融資を受けられない状況に
陥ってしまった。そこで、A社は黒字である小売部門だけでも残せ
ないものかと考え、業界各社と相談したところ、B社から提携を進
めたいとの申し出があった。このケースでは、どのような方法の
M&Aが考えられるだろうか。

①　事業譲渡

　A社の小売部門をB社に売却する。事業譲渡契約を結び、小売部
門を譲渡する。この場合には、小売部門のスタッフなど、すべてを
譲渡する。A社は事業譲渡によって得られた資金で不動産部門の再
生を図ることとなる。

②　業務提携・資本提携

　A社とB社で商品Xについて協力し合う業務提携に関する契約を
結ぶ。ただ、B社はA社のX商品のノウハウを評価しているので、
お互いに株式を持ち合って資本提携をすることになる。

　A社は資金繰りが厳しいので同額ではなく、B社の方がより多く
A社に出資することになるだろう。

12 マネジメント・バイアウト（MBO）を活用する

（1） 経営陣や従業員が株式を買い取る

　企業継承や会社再生の場合には、MBO や EBO、あるいは LBO という仕組みが活用できる。

　MBO（Management Buy-out）とは、企業買収手段の１つである。経営者や幹部社員が事業の継続を前提としてオーナー一族から株式を買い取り、経営権を取得する。経営陣が既存企業から独立することになるので、一種の「暖簾分け」ともいえる。

　こうした MBO の方法には、図表４-31のように、オーナー一族が株式を直接経営陣へ売る方法と、図表４-32のように、経営陣等が設立した会社に対して株式を売る方法の２種類がある。

❖図表４-31❖　オーナー一族が株式を経営陣へ売る方法
　　　　　　　（個人間売買）

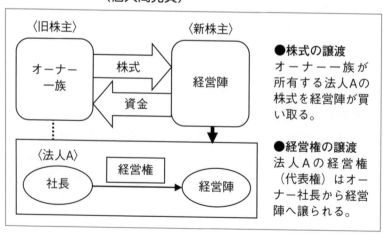

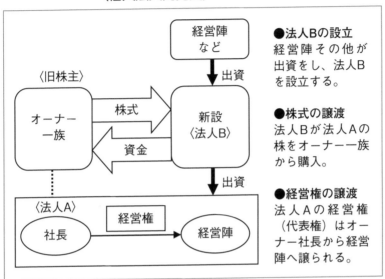

❖図表4-32❖　新設法人に対して株式を売る方法
　　　　　　　（個人法人間売買）

●法人Bの設立
経営陣その他が
出資をし、法人B
を設立する。

●株式の譲渡
法人Bが法人Aの
株をオーナー一族
から購入。

●経営権の譲渡
法人Aの経営権
（代表権）はオー
ナー社長から経営
陣へ譲られる。

　MBOによって、オーナー一族は株式売却代金として資金を調達
することができ、また、代表者の変更はあるものの企業は存続し、
従業員の雇用も継続していくことができるわけだ。

　また、MBOで非上場化すれば経営者は株価に左右されず、自由
度の高い経営を行うことができ、長期的な視点で改革がしやすくな
る。最近では、ワールド、すかいらーく、アデランス、ニチイ学館
などの例がある。

　経営陣ではなく、従業員が同じことを行うとEBO（エンプロ
イー・バイアウト：Employee Buy-out）と呼ばれる。工業用ミシン
の最大手であるJUKIは国内の部品製造子会社の閉鎖に伴い、いく
つかのEBOで設立した新会社に事業を譲渡している。

　生産設備を帳簿価額で売却するなど、事業の継続を図りやすくす

るとともに、元従業員が退職前と同じ環境で働けるという点が最大のポイントといえるだろう。

(2) MBO や EBO のメリット・デメリット

企業継承や会社再生に当たって、MBO が利用されるケースが増えてきた。MBO や EBO のメリットとデメリットを列挙すると次のようになる。

❖図表4-33❖　MBO・EBO のメリット・デメリット

メリット	・後継者問題が解消できる。 ・キャピタルゲイン（株式譲渡益）を得られる。 ・従業員の雇用維持が図れる。
デメリット	・経営陣や従業員の買収資金の調達が困難になる。 ・株主が多数の場合は利益相反問題が起きやすいため、MBO の手続きが難しくなる。

(3) LBO（レバレッジド・バイアウト）による資金調達

LBO（Leveraged Buy-out）とは、企業やファンドが企業を買収する際に、対象企業の将来的なキャッシュフローや資産をもとに買収資金を調達するファイナンス手法である。

LBO では、株式を取得するための買収資金に、自己資金だけではなく借入金も活用する。したがって、少ない資金でも大規模な買収を行うことができるわけだ。まさにレバレッジドである。

図表4-34のケースでは、最終的には、新設法人（親会社・法人L）と対象企業（子会社・法人K）とが合併することになる。

LBO を活用しやすい企業には、次のような特徴がある。

| ① | 安定したキャッシュフローを生み出す能力のある企業 |
| ② | 資産効率の悪い企業（換金可能資産は多いが収益が少ない） |

　なお、先述した MBO でも、資金調達をするために LBO の方法を採ることもある。

❖図表4-34❖　レバレッジド・バイアウトの仕組み

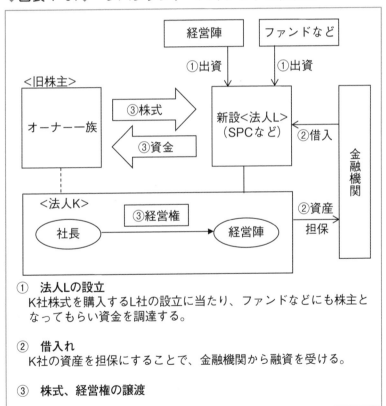

① **法人Lの設立**
　K社株式を購入するL社の設立に当たり、ファンドなどにも株主となってもらい資金を調達する。

② **借入れ**
　K社の資産を担保にすることで、金融機関から融資を受ける。

③ **株式、経営権の譲渡**

⑷ 「経営承継円滑化法」を活用する

　中小企業の場合は、経営と所有をある程度一致させることが、企業の安定につながっていく。

　そのためには、事業承継予定者である経営陣がMBOにより、オーナー一族から株式や事業用資産を譲り受ける必要があるが、一般的には、その取得資金が不足することが予測される。

　そこで、2008年10月1日から施行された「経営承継円滑化法」では、経済産業大臣の認定を受ければ、日本政策金融公庫や沖縄振興開発金融公庫、商工組合中央金庫などの政府系金融機関からの低利融資を受けることができるようになった。

　なお、ダンコンサルティングでは、「経営承継」ではなく「企業継承」と呼んでいる。その理由は、「企業継承」の中には、「理念継承」「組織継承」「事業継承」「資本（株式）継承」の4つが含まれており、さらに、「継承」は現在の経営者及び株主サイドから考える言葉だと理解しているからだ。

　なお、MBOは経営陣が安い価格で株を買い集める可能性があるため、少数株主に弊害が出るケースもある。そのため、2019年に経済産業省が「公正なM&Aの在り方に関する指針」を策定している。公正さを重視して、特に次の3点がポイントだといえるだろう。

① 　独立性の高い第三者機関が取引内容の公正さを表明する。
② 　入札などを通じた複数の買収者の提案機会を確保する。
③ 　少数の一般株主のうち、過半数の賛同を得る。

13 株式上場による資金調達

(1) IPO とは株式を上場させること

　株式の新規公開・新規上場のことを IPO という。IPO とは、「Initial Public Offering」の略だ。直訳すると「初めて公に差し出す」という意味になる。そのため、厳しい条件をクリアし、多額の費用もかかるが、大規模な資金調達方法でもあり、資本主義社会では社会的に認められたことを意味している。

　2017年3月に糸井重里氏率いる「株式会社ほぼ日」がジャスダック市場に新規上場を果たし話題になった。現在では3,732社（2020年10月30日現在）が上場している。

　IPO のメリットとデメリットを簡単にまとめると、図表4 -35のようになる。

❖図表4 -35❖　株式公開のメリット・デメリット

メリット	・長期的・安定的な資金の調達が図れる。 ・社会的信用・知名度の向上になる。 ・優秀な人材を確保する可能性が高まる。 ・金融機関からの借入条件が有利になる。 ・顧客層が広がる。 ・社内管理体制が強固になる。
デメリット	・第三者に買収される可能性が高まる。 ・企業内容の開示義務により、様々な分野で多額のコストが発生する。 ・株主に影響されるため経営者などの意思決定が遅くなる。

(2) 中小企業の公開市場

　創業したばかりの企業で、かつ成長性・収益性のある企業のため

の取引所市場を新興市場という。現在は、図表4-36のように、6つ
の市場が開設されており、それぞれ上場基準が異なる。

なお、TOKYO PRO Marketとは、東京証券取引所とロンドン取
引所が合弁で設立した新たな取引所のことである。一定の金融機関
等（プロ投資家）のみ投資が可能だ。

2009年6月1日にTOKYO AIM取引所として業務を開始した
が、2012年に合弁が解消されて東京証券取引所の完全子会社となっ
ている。市場参加者を個人投資家ではなく、プロ投資家に限定する
ことで弾力的、機動的な上場を実現する市場だ。2020年10月末日現
在で38社が上場している。

❖図表4-36❖　国内の6つの証券取引所と新興市場

証券取引所	新興企業向け市場	
	名称	特徴など
東京証券取引所	Mothers マザーズ	高い成長性のある企業が対象
名古屋証券取引所	Centrex セントレックス	時価総額5億円以上の企業が対象
札幌証券取引所	Ambitious アンビシャス	地域限定ではなく、東京の企業も上場
福岡証券取引所	Q-BOARD キューボード	九州周辺のベンチャー企業が対象
JASDAQ	・スタンダード ・グロース	成長可能性のある新技術を応援
TOKYO PRO Market	―	日本で唯一のプロ投資家向け市場

(3) 上場申請から承認までのルート

　株式が上場されると、不特定多数の投資家の投資対象物件となるため、投資者保護の観点から、有価証券上場規程に基づき審査が行われることになる。

　上場申請には、通常申請と予備申請の2種類がある。

　通常申請では、定時株主総会終了後に申請を行うが、申請が集中することを緩和するために予備申請の制度も導入されている。

　東京証券取引所への申請をフローチャートにまとめたのが図表4-37だ。上場申請から承認までは5カ月程度はかかるだろう。

(4) 上場申請から承認までのコスト

　上場申請するためには、証券会社をはじめ、監査法人や株式事務代行機関が必要となる。

　金融商品取引法に準じた監査報告書の添付や株式関係事務の円滑化のために必要だからである。上場までのコスト明細はおよそ図表4-38のとおりだ。

　図表4-38のように、上場するためのイニシャルコストとしては、最低でも5,000万～1億円程度は必要になるだろう。

　ただし、TOKYO PRO Market は、他の市場と比較して経済的にも期間的にもハードルは低く設定されている。

　また、IPO は目的ではなく企業経営の手段にすぎないということを意識しておくべきである。

❖図表 4 -37❖　東京証券取引所への申請の流れ

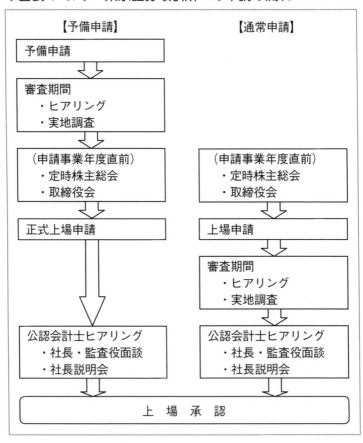

上場審査費用	400万円
監査法人費用	2 年分　1,000万円× 2
新規上場費用	1,500万円
年間上場費用（上場時価総額）	100〜400万円
有価証券報告書など印刷費用	100万円
IR 費用（コンサル会社等）	1,000万円

❖図表 4 -38❖

14 「中小企業ファンド」を活用する

(1)　ファンドは新しい資金調達の方法

　中小企業を支援するためにのみ存在するファンドが、公的機関にも民間にも生まれている。

　ファンドとは、英語の「fund」、日本語で資金とか基金のことだ。簡単にいうと、多数の人から資金を募り、投資を行う集団投資スキームである。日本では、ベンチャーキャピタルが設立した「投資事業有限責任組合」のことを一般的にファンドと呼んでいる。

　未公開ではあるが、将来性のある成長企業に投資をしたい投資家のニーズに応える一方で、中小企業にとっては新しい資金調達方法でもある。

(2)　投資事業有限責任組合とは何か

　投資事業有限責任組合は LPS と呼ばれている。Investment Limited Partnership の略だ。この LPS は「投資事業有限責任組合契約に関する法律」（LPS 法）によって定められた組合である。

　民法上の組合は通常、無限責任だが、名称に「有限」と入っていることからもわかるように、LPS は、無限責任組合員（General Partner＝GP）と有限責任組合員（Limited Partner＝LP）から成り立っている。

　LPS は、中小企業などの事業者に対して、自由に融資や債権取得をすることができる。また、組合員に資格制限や人数制限はなく、法人でも個人でもなることが可能である。

⑶ 中小企業ファンドの種類

　公的機関としての独立行政法人中小企業基盤整備機構（以下、「中小機構」という）は、ベンチャーキャピタル等の投資会社とともに投資ファンドを組成し、LPとしてファンド総額の2分の1以内を出資する。現在は、具体的な中小企業ファンドには次の3つがある。

　各ファンドによって投資対象企業が異なるので、ファンドの特徴を踏まえ、自社の地域や業種に合ったファンドを選択することができるわけだ。

❖図表4-39❖

区分	対象企業
① 起業支援ファンド	設立5年未満の創業又は成長初期の段階にある企業
② 中小企業成長支援ファンド	新事業展開・事業の再編・承継等により新たな成長・発展を目指す企業
③ 中小企業再生ファンド	過剰債務で経営状態悪化でも本業では収益力がある企業

⑷ 中小企業ファンドによる資金の調達

　中小機構では、中小企業に対する投資事業を行う民間機関等とともに投資ファンドを組成し、中小企業の資金調達を支援している。投資ファンドの運営は基本的に各投資会社が行う。

　中小企業ファンドの仕組みをまとめると図表4-40のとおりだ。

❖図表 4 -40❖　中小企業ファンドの仕組み

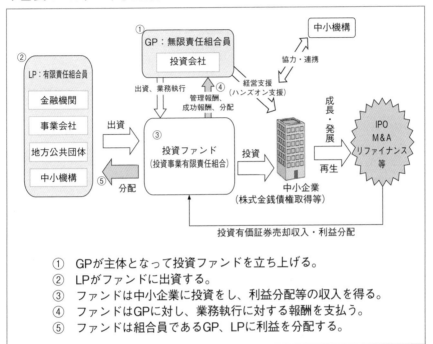

① GPが主体となって投資ファンドを立ち上げる。
② LPがファンドに出資する。
③ ファンドは中小企業に投資をし、利益分配等の収入を得る。
④ ファンドはGPに対し、業務執行に対する報酬を支払う。
⑤ ファンドは組合員であるGP、LPに利益を分配する。

(5)　ファンド投資の流れ

　ファンドからの投資を受ける場合には、まずファンドの仕組みを理解しなければならない。

　その後、ファンドを運営するGPである投資会社と相談し、審査を受けることになる。ファンド投資の流れは図表 4 -41のとおりである。

❖図表 4 -41❖

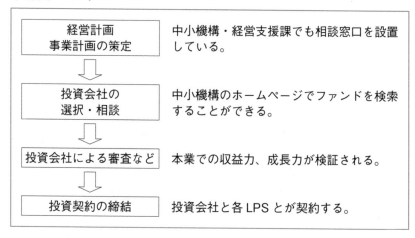

経営計画 事業計画の策定	中小機構・経営支援課でも相談窓口を設置している。
投資会社の 選択・相談	中小機構のホームページでファンドを検索することができる。
投資会社による審査など	本業での収益力、成長力が検証される。
投資契約の締結	投資会社と各 LPS とが契約する。

　再生ファンドの審査基準は、現状は債務超過でも、「本業では収益力があること」あるいは、「財務リストラすることで再生が可能であるかどうか」がポイントになるだろう。

第5章

新型コロナウイルス感染症の
資金繰り支援対策（2020年10月末）
（経済産業省と厚生労働省）

1 経済産業省による新型コロナウイルス対策

(1) 中小法人向けの融資対策

　経済産業省の資金繰り支援の融資制度をまとめると、図表5-1のようになっている。

❖図表5-1❖　中小法人向け融資制度一覧

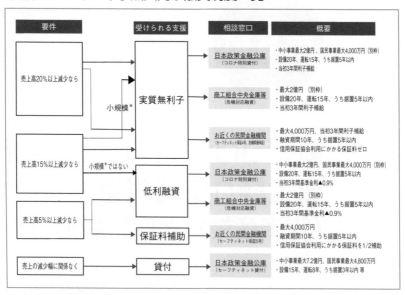

（出典）経済産業省ホームページ（2020年6月15日時点）

　なお、上記の売上高の減少の算定方法については、信用保証協会と日本政策金融公庫では異なっているから注意が必要である。

　日本政策金融公庫は、最近1カ月の売上高と前年、又は前々年の同月を比較して判定するが、信用保証協会では最近1カ月の売上高

と前年を比較し、その後２カ月間（見込み）を含む３カ月の売上高と前年同期を比較した結果の両方を満たすか否かで判断することとなっている。

　また、創業１年１カ月未満の企業については図表５-２の基準でそれぞれ判断することとなる。

❖図表５-２❖　事業開始１年１カ月未満の創業期の企業の場合の売上減少の判断

	日本政策金融公庫	信用保証協会
(1)	最近１カ月の売上高と過去３カ月（最近１カ月を含む）の平均売上高の比較	左記に同じ
(2)	最近１カ月の売上高と令和元年12月の売上高の比較	左記に加え、その後２カ月間（見込み）を含む３カ月の売上高と令和元年12月の売上高の３倍を比較
(3)	最近１カ月の売上高と令和元年10〜12月の平均売上高を比較	左記に加え、その後２カ月間（見込み）を含む３カ月の売上高と令和元年10〜12月の３カ月を比較

　2020年２月28日に新型コロナウイルス感染症の影響を受ける中小企業支援策として経済産業省が講じた最初の対策が「セーフティネット保証４号」の発令である。

　セーフティネット保証とは、売上高等が減少している中小企業・小規模事業者の資金繰り支援措置として、信用保証協会が一般保証とは別枠で融資額の100％を保証する制度だ。３月３日には飲食店など特定業種を対象にセーフティネット保証５号を発令し、その後５月１日には対象業種を全業種に広げている。

⑵　新型コロナ特例リスケジュール制度

　新型コロナウイルス感染症の影響を受けて資金繰りが悪化している中小企業に対して、中小企業再生支援協議会（以下、「協議会」）が従来の再生計画策定支援に代え、新型コロナ特例リスケジュール計画策定支援を行うものである。協議会が中小企業に代わり、金融機関に対して一括して元金返済猶予の要請を実施するとともに、1年間の特例リスケジュール計画を作成する。従来の再生計画策定支援では、事業改善の見通しがなければ支援はできないが、新制度では、返済猶予要請を優先し、その後、コロナ収束後の再生計画を策定することになる。

⑶　その他の補助金制度

①　持続化給付金制度

　中小企業又は個人事業者で、売上高が前年同月比で50％以上減少している場合、法人で最大200万円、個人は最大100万円の給付を受けることができる。2020年10月31日時点では、申請期間は2021年1月15日までとなっている。

　なお、売上高減少の判定は、2020年1月以降の任意の月（以下、「対象月」という）の売上が前年同月比で50％下がっていることで、⑴の資金繰り支援融資の判定基準とは異なることに注意が必要である。

　また、支援対象が拡大し、3月31日までに事業を開始した中小法人や個人も要件を満たせば対象となるが、従来の申請と比べて提出する書類が異なるため注意が必要である。

　給付される金額は以下により算定され、上限は法人が200万円で個人が100万円である。

$$\text{2019年の年間事業収入 } - \text{ 対象月の事業収入 } \times 12$$

　ただし、2019年中に設立された会社や事業を開始した個人の場合は、以下により算定される。

$$\frac{\text{2019年の年間事業収入}}{\text{2019年の設立又は開業後の月数}} \times 12 - \text{対象月の事業収入} \times 12$$

　また、2020年新規創業の場合は以下となる。

$$\frac{\text{2020年1月～3月の総売上}}{\text{2020年3月までの創業後月数}} \times 6 - \text{対象月の売上} \times 6$$

②　小規模事業者持続化補助金（コロナ特別対応型）

　小規模事業者が①サプライチェーンの毀損への対応、②非対面型ビジネスモデルへの転換、③テレワーク環境の整備のいずれか１つ以上の投資に取り組むことを目的に、その費用の一部を補助することを目的とした制度である。従来からあった制度だが、新型コロナ感染症対応「特別枠」が創設された。

　補助上限を50万円から100万円に引き上げた上、売上が前年同期比20％以上減少している場合には、希望により概算払い（即時支給）を実施するのが特徴である。

　対象は従業員数20名以下の小規模事業者（商業及び宿泊・娯楽業以外のサービス業は５名以下）で費用の２/３（上限100万円）が補

助される（ただし、2020年12月10日申請締切）。

③　IT 導入補助金特別枠（C 類型）

　中小企業等の生産性を改善することを目的として、ITツール導入を支援するための補助金である。テレワーク等に活用することを想定し、その補助率が1／2から2／3又は3／4に拡充された。補助額は30万円以上450万円以下となっている。

　小規模事業者向けの持続化補助金と異なり、小規模事業者だけでなく中小企業基本法の中小企業にも適用される（ただし、2020年12月18日申請締切）。

④　中小企業基盤整備機構（中小機構）の小規模企業共済制度の特例措置

　中小機構では小規模事業者を対象とした退職金共済制度を運営しており、当該共済契約者向けに「特例緊急経営安定貸付け」制度が設けられた。対象は新型コロナウイルス感染症の影響により、1カ月の売上高が前年又は前々年度の同期と比較して、5％以上減少した契約者である。

　返済期間は、1年間据置で4年～6年。50万円～2,000万円（掛金納付月数に応じて、掛金の7～9割）の無利息の借入金だ。

⑤　特別家賃支援給付金制度

　第2次補正予算では、「特別家賃支援給付金」制度が新設された。この制度では、2020年5～12月の間で、以下のいずれかに該当する法人及び個人事業主を対象に、支払家賃の一定割合の金額が給付される（ただし、2021年1月15日申請締切）。

(イ)	いずれか１カ月の売上高が前年比で50％以上減少
(ロ)	連続する３カ月の売上高が前年同期比で30％以上減少

　法人の場合、給付額の上限は月額50万円（複数店舗を有する場合等は100万円）で、給付額は支払家賃の２/３（複数店舗を有する場合等で、給付上限を超える部分は１/３）。６カ月分の支給を受けることができる。なお、個人については法人の半額である。

⑥　資本性資金供給・資本増強支援制度

　第２次補正予算では、日本政策金融公庫及び商工中金の特別融資枠に加えて、劣後ローンにより資本性資金を供給する制度が新設された。劣後ローンは他の債務と比較して返済順位が劣後する債務で、金融機関はこれを自己資本とみなすことができる。

　対象は新型コロナウイルス感染症の影響を受けている事業者のうち成長・再生支援の対象となる企業及びスタートアップ企業だ。貸付限度は７億2,000万円で、貸付期間は５年１カ月〜20年の期限一括返済。金利は当初３年間0.5％で、４年目以降直近決算が黒字化した場合には2.6％又は2.95％とされている。

　また、中小企業基盤整備機構（中小機構）が出資をするファンドを通じた出資等については、「事業引継ぎ支援センター」及び「中小企業再生支援協議会」と連携して拡充するとされている。

2　厚生労働省による新型コロナウイルス対策

　厚生労働省では、企業が新型コロナウイルスにより、休業や営業時間の短縮等を行うことで影響を受ける労働者の経済支援を目的

に、既存制度の特例を設ける他、新設の制度を用意している。

(1)　雇用調整助成金

　一定の条件で労働者に休業指示をして休業手当を支払った場合、大企業でその1/2、中小企業で2/3（いずれも上限は1人日額8,330円）を助成するものだ。

　新型コロナウイルス対策では、都道府県の要請で休業を強いられている中小企業等を対象に、2020年4月1日から12月31日までの間に限り、従業員の全員を解雇せず雇用継続している等、一定の条件を満たす場合には、休業手当に対する助成率を100％（上限日額1万5,000円）まで高める特例措置を講じている。

　また、申請手続きが複雑であるとの苦情も多かったことから、特例措置では、事前計画届出制度を撤廃した他、6カ月以上が必要であった被保険者期間を不要とする等、要件緩和も行われている。

(2)　新型コロナウイルス感染症対応休業支援金・給付金

　第2次補正予算で新設された制度である。雇用調整助成金が、休業手当を支払った事業者に休業手当を助成するのに対して、新型コロナウイルス感染症対応休業支援金は、休業手当を支払うことができない中小企業があることを念頭に、失業給付と同様、労働者の申請により直接給付する制度であることが特徴だ。2020年4月1日から12月31日までの期間が対象で、給付額は休業前賃金の80％（月額上限33万円）。休業実績に応じて支給することとされている。申請期限は2021年3月31日までである。

(3)　小学校休業等対応助成金・支援金

　新型コロナウイルス感染症の影響で、小学校等の臨時休校等によ

り仕事を休まざるを得なくなった保護者の支援を目的とする助成金及び支援金制度として新設された。対象期間はいずれも2020年2月27日から12月31日までの間とされている。

助成金は臨時休校に通学する子供の保護者で、休業を余儀なくされた従業員に対して、有給休暇（年次有給休暇を除く）を取得させた場合に、その賃金の100％（1人当たり1日換算8,330円が上限、ただし第2次補正予算では4月1日以降の有給休暇取得分については1万5,000円に改定）を助成する制度である。事業者がこの助成金を目的とした新たな有給休暇制度を設けることが前提になる。

支援金は、臨時休校に通学する子供の保護者であって、業務委託契約で業務を行う個人を対象としている。契約業務が行えなくなったことによる支援を行うものだからだ。支援額は1日当たり4,100円（第2次補正予算では4月1日以降の業務については7,500円に改定）の定額となっている。申請期限は2021年3月31日までである。

(4) 働き方改革推進支援助成金（職場意識改善コース）

職場意識改善コースは、新型コロナウイルス感染症対策として特別休暇制度を整備する中小企業事業主を対象に、研修費用、コンサルティング費用、労働能率の増進に資する設備等の経費が30万円超の場合は4/5（上限50万円）を助成する。対象期間は2020年2月17日〜12月31日までだ。

なお、対象となる中小企業は、労働者災害補償保険が適用される中小企業事業主で、中小企業基本法の中小企業とは対象が異なるため注意が必要である（2021年1月4日締切）。

（※）テレワークコースは2020年9月18日で募集は終了している。

⑸　緊急小口資金等の特例貸付

　新型コロナウイルス感染症の影響による休業や失業で生活資金に困窮している人に対する緊急貸付制度である。緊急かつ一時的な生活維持のための貸付を必要とする世帯を対象とする「緊急小口資金貸付」と、収入の減少や失業等により生活に困窮し日常生活の維持が困難になっている世帯を対象とする「総合支援資金」がある。

　前者は、20万円以内の一括交付で１年据置の２年返済。無利子、無保証人。後者は、２人以上の世帯は月額20万円以内、単身世帯は月額15万円以内で、原則３カ月以内に毎月交付される。１年据置で10年以内の返済。無利子、無保証人である。ただし緊急小口貸付と総合支援資金を併用することはできない。

⑹　国民健康保険の保険料の減免制度

　新型コロナウイルス感染症の影響で事業収入や不動産収入の減少が見込まれる場合、一定の条件を満たすことを条件に、収入減少額と所得額に応じた減免率により、国民健康保険及び介護保険の保険料の減免を定めている制度である。ただし、前年所得合計が1,000万円以下で、事業収入等の減少後の前年の所得合計が400万円以下であることが前提となっている。

⑺　医療・福祉事業者への資金繰り支援

　新型コロナウイルス感染症の影響により休業又は事業を縮小した医療・福祉事業者の資金繰りを支援するために、独立行政法人福祉医療機構が特別融資制度を設けて優遇措置の融資を行っている。また第２次補正予算では、当該融資を受けるまでの間の緊急資金繰り対策として、診療報酬等の一部概算前払いを可能としている。

3 その他の省庁による 新型コロナウイルス経済対策

(1) 特別定額給付金制度 (総務省)

2020年4月27日時点の住民基本台帳に登録されている国民全員を対象として、1人当たり10万円を、市町村を通じて支給する制度であるがすでに終了している。

(2) 子育て世帯への臨時特別給付金 (内閣府)

新型コロナウイルス感染症の影響を受けている子育て世帯の生活を支援する取組みの1つとして、児童手当 (本則給付) を受給する世帯 (0歳~中学生のいる世帯) に対し、臨時特別の給付金 (一時金) として、対象児童1人につき1万円を、市町村を通じて支給する制度である。

(3) 納税猶予制度 (財務省)

新型コロナウイルス感染症の影響で、売上が低下し納税資金が不足している法人や個人の救済を図るために、納税猶予を認める特例制度だ。

対象事業者は、2020年2月以降の任意の月 (1カ月以上) について、前年同月比で売上が概ね20%以上減少している事業者で、かつ、一時に納税をすることが困難と認められる事業者とされている。猶予期間は1年間。この間の延滞税はかからない。

著者略歴

塩見　哲（しおみ　さとし）
ダンコンサルティング株式会社　代表
税理士・経営戦略コンサルタント

　1976年に26歳で税理士登録とともに、中小企業経営戦略コンサルティング会社を設立。20代後半から40歳まではあらゆる業種の中小企業の再建や経営改善に関わり、45年に渡り「継続」をテーマとして、社外役員的な立場で企業哲学・理念を軸とした経営資源活性化に関する実践的なコンサルティング業務を一貫して行っている。

　ファイナンス戦略においては、多くの企業に直接金融の視点を重視した手法を提案するだけでなく、ベンチャーキャピタル（VC）的な立場からも中小・中堅企業と関わってきた。

　全国の公的機関や経営者団体などでの講演・講義・社員教育の回数は1,500回を超え、経営・不動産・資金・税務・相続などに関する著書も55冊出版している。

　最近の主な著書は、『京都老舗経営に学ぶ企業継続の秘訣』（清文社）、『不動産活用の教科書』、『不動産相続の教科書』（いずれもプラチナ出版）などがある。

参考図書：『小さな会社の資金調達の方法』（中経出版）

中小企業の資金調達 大全　　　　令和3年1月5日　初版発行

〒101-0032
東京都千代田区岩本町1丁目2番19号
https://www.horei.co.jp/

検印省略		
著　　　者	塩　見　哲	
発　行　者	青　木　健　次	
編　集　者	岩　倉　春　光	
印　刷　所	三　報　社	
製　本　所	国　宝　社	

（営　業）　TEL　03-6858-6967　　Eメール　syuppan@horei.co.jp
（通　販）　TEL　03-6858-6966　　Eメール　book.order@horei.co.jp
（編　集）　FAX　03-6858-6957　　Eメール　tankoubon@horei.co.jp

（バーチャルショップ）https://www.horei.co.jp/iec/
（お 詫 び と 訂 正）https://www.horei.co.jp/book/owabi.shtml
（書籍の追加情報）https://www.horei.co.jp/osirasebook.shtml

※万一、本書の内容に誤記等が判明した場合には、上記「お詫びと訂正」に最新情報を掲載
　しております。ホームページに掲載されていない内容につきましては、FAX または E
　メールで編集までお問合せください。